ŒUVRES COMPLÈTES

DE

SIR WALTER SCOTT.

Traduction Nouvelle.

PARIS,

A. SAUTELET ET Cᵒ ET CHARLES GOSSELIN

LIBRAIRES-ÉDITEURS.

M DCCC XXVII.

H. FOURNIER IMPRIMEUR.

ŒUVRES COMPLÈTES

DE

SIR WALTER SCOTT.

TOME SOIXANTE-NEUVIÈME.

IMPRIMERIE DE H. FOURNIER,
RUE DE SEINE, N° 14.

WOODSTOCK,

OU LE CAVALIER.

HISTOIRE

DE L'ANNÉE MIL SIX CENT CINQUANTE ET UN.

(Woodstock, or the Cavalier. A tale of the year 1651.)

TOME SECOND.

« Des chevaliers c'était le vrai modèle. »
CHAUCER.

WOODSTOCK,

OU LE CAVALIER.

HISTOIRE

DE L'ANNÉE MIL SIX CENT CINQUANTE ET UN.

(𝔚𝔬𝔬𝔡𝔰𝔱𝔬𝔠𝔨, 𝔬𝔯 𝔱𝔥𝔢 𝔠𝔞𝔳𝔞𝔩𝔦𝔢𝔯, 𝔢𝔱𝔠.)

CHAPITRE XIII.

» Elle fléchit alors un genou saintement,
» Leva les yeux au ciel, pria dévotement. »
SUAKSPEARE. *Henry VIII*.

Le départ du colonel Everard à une pareille heure, car on regardait alors sept heures du soir comme une heure indue, donna lieu à bien des commentaires. Tous les domestiques se rassemblèrent sur-le-champ dans le vestibule; car pas un seul d'entre eux ne doutait que ce départ subit n'eût lieu parce qu'il avait *vu quelque chose*, comme ils le disaient, et tous étaient curieux de savoir quelle figure faisait un homme d'un courage reconnu comme Markham Everard à l'instant où il venait d'être mis à l'épreuve par la terreur d'une apparition. Mais il ne leur laissa pas le temps de satisfaire leur curiosité ; car il traversa le vestibule à grands pas, enveloppé d'un grand manteau ; sautant sur son cheval qui était sellé, il entra dans le parc au grand galop, en se dirigeant vers la chaumière de Jocelin.

Le caractère de Markham Everard était vif, impatient, ardent et impétueux jusqu'à la précipitation. Les habitudes que son éducation lui avait fait contracter, et que les principes moraux et religieux de sa secte avaient contribué à enraciner davantage, étaient de nature à le mettre en état de dissimuler ou même de dompter ce naturel violent ; mais quand il était fortement ému, l'impétuosité du jeune soldat renversait quelquefois toutes ces barrières artificielles, comme un torrent écumeux qui rompt une digue, et qui devient plus furieux, comme pour se dédommager du calme auquel il avait été pendant quelque temps obligé de se soumettre. Dans ces occasions, il était accoutumé à ne plus voir que l'objet vers lequel toutes ses pensées se dirigeaient, et à marcher en droite ligne, sans calculer et même sans paraître voir les obstacles, soit qu'il fallût monter sur une brèche, soit qu'il s'agît d'un objet purement moral.

En ce moment, il n'avait d'autre désir que de détacher sa chère cousine, s'il était possible, des complots dangereux et peu honorables dans lesquels il la soupçonnait d'avoir trempé, ou de s'assurer qu'elle n'avait pris aucune part à ces stratagèmes. Il croyait qu'il pourrait en juger jusqu'à un certain point par le fait de sa présence ou de son absence dans la chaumière de Joliffe. Il avait lu à la vérité dans quelque ballade ou dans quelque fabliau un tour singulier joué à un vieillard jaloux par le moyen d'une communication souterraine entre sa maison et celle d'un voisin, communication dont la femme faisait usage pour se montrer à lui alternativement des deux côtés, avec tant de promptitude et d'adresse, qu'après plusieurs épreuves réitérées le vieux fou resta convaincu que sa femme et la dame qui lui ressemblait tellement, et à qui son voisin faisait une cour si assidue, étaient deux personnes différentes (1). Mais dans le cas actuel il ne pouvait y avoir une méprise semblable ; la distance était trop grande, et, comme il avait pris le chemin le plus court, et qu'il forçait sa monture de déployer toute sa vitesse, il savait que sa cousine, qui n'était pas très-hardie à cheval même en plein jour, ne pouvait arriver avant lui chez Joliffe.

Son oncle serait peut-être mécontent de sa visite ; mais quel droit avait-il de l'être ? Alice Lee n'était-elle pas sa proche parente, tout ce qu'il avait de plus cher au monde ? s'abstiendrait-il de faire un effort pour la préserver des suites d'un complot ridicule et bizarre, parce que la bile du vieux chevalier pouvait s'émouvoir en le voyant paraître, contre ses ordres ? Non. Il souffrirait le langage sévère du vieillard, comme il endurait le froid piquant du vent d'automne, qui sifflait autour de lui, et qui courbait les branches des arbres sous lesquels il passait, mais sans s'opposer à sa course ni même la retarder.

(1) Ne serait-ce pas le conte de la *Servante justifiée* dans les Cent Nouvelles de la reine de Navarre ? — ÉD.

S'il ne trouvait pas Alice, comme il le craignait, il instruirait sir Henry lui-même de ce qui lui était arrivé ce soir. Quelque part qu'elle eût pu prendre aux tours de jongleurs qui avaient été joués à Woodstock, il ne pouvait croire que ce fût de l'aveu de son père, d'un juge si sévère des convenances, d'un homme si scrupuleux sur le décorum que doit toujours observer le beau sexe. Il profiterait de la même occasion, pensait-il, pour lui faire part des espérances bien fondées qu'il avait de le voir reprendre son ancien domicile dans la Loge, et d'expulser les commissaires du séquestre par d'autres moyens que les mesures absurdes auxquelles on semblait vouloir recourir.

Tout cela lui semblait si bien renfermé dans le cercle de ses devoirs de parent, que ce ne fut qu'en s'arrêtant devant la porte du garde forestier, et en remettant la bride de son cheval dans la main de Wildrake, qu'il se rappela le caractère fier, hautain et inflexible de sir Henry; et même, en appuyant la main sur le loquet, il sentit une répugnance involontaire à paraître si inopinément en présence d'un vieillard irritable.

Mais il n'était plus temps d'hésiter. Bévis, qui avait déjà grondé plus d'une fois, devenait impatient, et Everard n'avait eu que le temps de dire à Wildrake de garder les chevaux jusqu'à ce qu'il envoyât Jocelin pour les tenir, quand la vieille Jeanne ouvrit la porte pour demander qui pouvait arriver à une pareille heure. Essayer d'entrer en explication avec la pauvre Jeanne, c'eût été du temps perdu; le colonel la repoussa donc doucement, et, retirant un pan de son habit qu'elle avait saisi, il entra dans la cuisine de Jocelin. Bevis s'était avancé pour soutenir dame Jeanne; mais il quitta son air de menace avec cet instinct admirable qui fait que ces animaux intelligens se rappellent si long-temps ceux avec qui ils ont été familiers, et il reconnut le parent de son maître en lui rendant hommage à sa manière.

Le colonel Everard, plus incertain dans son projet à mesure que le moment de l'exécuter s'approchait, traversa la cuisine du pas d'un homme qui marche dans la chambre d'un malade; il ouvrit lentement, d'une main tremblante, la porte qui conduisait dans le second appartement, comme il aurait tiré le rideau du lit d'un ami mourant, et vit dans l'intérieur la scène que nous allons rapporter.

Sir Henry Lee était assis dans un fauteuil d'osier près du feu. Il était enveloppé d'un grand manteau, et avait les jambes étendues et les pieds appuyés sur un tabouret, comme s'il eût souffert de la goutte ou de quelque autre indisposition. Sa longue barbe blanche et ses vêtemens de couleur sombre lui donnaient l'air d'un ermite plutôt que d'un vieux soldat ou d'un homme de qualité; et ce qui y contribuait encore davantage, c'était l'attention pieuse et profonde avec laquelle il écoutait un vieillard respectable, portant un habit râpé dont la coupe annonçait un ecclésiastique, et qui lisait à voix basse, mais claire et intelligible, le service du soir suivant le rituel de l'Église anglicane. Alice Lee, à genoux près de son père, prononçait les réponses d'une voix qui n'aurait pas été déplacée dans le chœur des anges, et avec une dévotion modeste et sérieuse en harmonie avec l'accent de cette voix. La physionomie du ministre aurait eu quelque chose de prévenant si elle n'eût été défigurée par un grand emplâtre noir qui lui couvrait l'œil gauche et une partie de la joue, et si les soucis et les souffrances n'eussent laissé leurs traces sur le reste de son visage.

Quand le colonel entra, le ministre leva un doigt en le regardant, comme pour l'avertir de ne pas troubler la solennité du service divin, et lui montra une chaise vers laquelle Everard, frappé de la scène qu'il avait sous les yeux, s'avança à pas comptés. Il s'agenouilla comme s'il eût fait partie de la petite congrégation.

Everard avait été élevé par son père dans les principes de ce qu'on appelait le puritanisme, secte composée de personnes qui, dans l'acception primitive du mot, ne rejetaient pas la doctrine de l'Église anglicane, et n'en condamnaient pas même tout-à-fait la hiérarchie, mais qui en différaient principalement au sujet de certaines formes et cérémonies du rituel, et sur lesquelles le célèbre et infortuné Laud (1) avait insisté avec une opiniâtreté que le temps n'admettait pas. Mais quand même Everard eût entretenu des opinions diamétralement contraires à la doctrine de l'Église anglicane, il n'aurait pu s'empêcher de la respecter en voyant la régularité avec laquelle se célébrait le service divin à Woodstock dans la famille de son oncle, qui, pendant tout le cours de sa prospérité, avait toujours eu un chapelain à la Loge.

Cependant, quelque profonde que fût la vénération avec laquelle Everard était habitué à entendre le service imposant de l'Église anglicane, il ne pouvait empêcher ni ses yeux de se tourner vers Alice, ni ses pensées de se

---

(1) W. Laud, archevêque de Cantorbéry, martyr de son zèle pour Charles Ier et pour l'anglicanisme, exécuté en 1645. — Éd.

fixer sur le motif qui l'avait amené lui-même en ce lieu. Alice semblait l'avoir aperçu dès qu'il était entré, car ses joues étaient couvertes d'une rougeur plus vive que de coutume; ses doigts tremblaient en tournant les feuillets de son livre de prières, et la voix lui manquait presque en faisant les réponses, quoique l'accent de cette voix eût été auparavant aussi ferme que mélodieux. Autant qu'Everard en put juger par les regards qu'il jetait sur elle à la dérobée, il lui parut que le caractère de sa beauté, ainsi que celui de ses vêtemens, avait subi un changement analogue à celui de sa fortune.

Cette jeune personne, aussi belle que noble, portait alors une robe d'étoffe brune à peu près semblable à celle des plus humbles villageoises ; mais elle semblait avoir gagné en dignité ce qu'elle avait perdu en élégance. Ses beaux cheveux, d'un châtain clair, relevés en tresses autour de sa tête, n'offraient d'autres boucles que celles qui étaient l'ouvrage de la nature, et lui donnaient une apparence de simplicité qui n'existait pas quand sa coiffure attestait les soins d'une habile femme de chambre. Son air de gaieté un peu malicieuse, qui semblait aux aguets de tout ce qui pouvait l'amuser, avait cédé dans l'affliction à une calme mélancolie qui semblait n'être plus occupée qu'à procurer des consolations aux autres. Peut-être l'expression de sa malice innocente était-elle présente au souvenir de son amant quand il avait cru qu'Alice avait pris quelque part aux scènes de la Loge; mais il est certain qu'en ce moment il était honteux de s'être abandonné à un pareil soupçon, et plus disposé à supposer que le diable avait imité sa voix qu'à croire qu'une créature tellement élevée au-dessus des pensées de ce monde, et déjà alliée de si près à la pureté de l'autre (1), eût pu manquer à la délicatesse de son sexe au point de se mêler des dernières jongleries de Woodstock.

Ces pensées se présentaient à son esprit en dépit de lui-même, et quoiqu'il sentît que ce n'était pas celles qui auraient dû l'occuper en ce moment. Le service approchait alors de sa fin, et, à la grande surprise comme à la confusion du colonel Everard, le ministre, prenant un nouvel air de dignité, pria le Tout-Puissant, d'une voix ferme et distincte, de bénir et de conserver notre souverain maître le roi Charles, monarque légitime et seul monarque de ce royaume. — Cette prière, très-dangereuse à cette époque, fut articulée à voix haute, d'un ton ferme et intrépide, comme si le ministre eût voulu défier tous ceux qui l'entendaient. Si l'officier républicain n'y donna pas son assentiment, il pensa du moins que ce n'était pas le moment de faire une protestation contraire.

Le service se termina de la manière ordinaire, et la petite congrégation se leva. Wildrake en faisait alors partie, étant entré vers la fin des prières. Il fut le premier à parler ; et, s'avançant vers le ministre, il lui prit la main avec affection en lui jurant qu'il était véritablement charmé de le voir. Le ministre lui serra la main à son tour, et lui répondit en souriant qu'il aurait été cru sans se donner la peine de jurer.

---

(1) S'il pouvait être défendu à *l'auteur de Waverley* de reproduire en prose les vers de *sir Walter Scott*, on lui reprocherait d'avoir traduit ici ces deux vers du *Lord des îles* : (Ch. VI).

All Angel now — yet little less than all,
While still a pilgrim in our world below!

É̱ D.

Pendant ce temps, le colonel Everard, s'approchant de sir Henry, salua respectueusement d'abord son oncle, ensuite sa cousine, qui rougit encore davantage.

— J'ai à vous prier de m'excuser, dit le colonel en hésitant, d'avoir choisi pour une visite que je n'ose espérer devoir être agréable en aucun temps, le moment le moins convenable.

— Point du tout, mon neveu, répondit sir Henry avec beaucoup plus de douceur qu'Everard n'avait osé l'espérer; vos visites en d'autres momens n'en seraient que mieux accueillies si nous avions le bonheur de vous voir plus souvent à nos heures de prière.

— J'espère, monsieur, répliqua Everard, que le temps arrivera bientôt où la conscience des Anglais de toutes les sectes et de toutes les dénominations sera libre d'adorer en commun le père Tout-Puissant auquel elles donnent ce tendre nom chacune à leur manière.

— Je l'espère aussi, mon neveu, dit le vieillard en conservant le même ton, et je n'examinerai même pas en ce moment si votre espoir est de voir l'Église d'Angleterre se fondre dans le conventicule, ou le conventicule rentrer dans le sein de l'Église. Je présume que ce n'est pas pour réconcilier nos croyances différentes que vous nous faites une visite dans notre pauvre demeure, où, pour dire la vérité, nous n'osions nous flatter de vous revoir après l'accueil peu obligeant que vous y avez reçu dernièrement.

— Je serais trop heureux, répondit le colonel en hésitant, de pouvoir penser que... que... en un mot, que ma présence ici n'est pas aussi désagréable aujourd'hui qu'elle l'a paru alors.

— Mon neveu, dit sir Henry, je vous parlerai avec

franchise. La dernière fois que nous nous sommes vus, je croyais que vous m'aviez dérobé une perle précieuse que j'aurais été autrefois fier et heureux de vous donner, mais que je préférerais maintenant ensevelir dans les profondeurs de la terre plutôt que de la confier à un homme qui est ce que vous êtes devenu. Cette idée, comme dit le brave Will (1), échauffa un peu

<blockquote>L'impétueuse humeur que je tiens de ma mère.</blockquote>

Je croyais que j'avais été volé, et que le voleur était devant moi. Je me trompais ; rien ne m'a été ravi, et je puis pardonner une tentative qui n'a pas eu de succès.

— Je ne voudrais pas, monsieur, dit Everard, chercher dans vos paroles un sujet d'offense quand votre intention me paraît obligeante. Mais je puis vous protester que mes vœux et mes désirs, en ce qu'ils ont rapport à vous et à votre famille, n'ont pour but aucun espoir fondé sur l'égoïsme et l'intérêt personnel, et qu'ils ne sont inspirés que par mon affection pour vous et les vôtres.

— Voyons donc en quoi ils consistent, mon neveu. Des vœux désintéressés ne sont pas communs aujourd'hui, et la rareté doit ajouter à leur prix.

— Mes désirs seraient donc, mon oncle, puisque vous ne voulez pas m'accorder le droit de vous donner un nom plus tendre, de vous voir dans une situation plus heureuse et plus convenable. Dans l'état actuel des choses, vous vous trouvez dans une position fâcheuse ; et elle peut le devenir encore davantage.

(1) Shakspeare. — Éd.

— Elle ne peut être pire que je m'y attends, mon neveu; mais le changement de fortune ne m'effraiera point. Je porterai des habits plus grossiers; je me nourrirai d'alimens plus communs; on ne m'ôtera plus le chapeau comme on avait coutume de le faire quand j'étais riche et puissant. Qu'importe? On verra que le vieux Henry Lee préférait son honneur à son titre, sa foi à ses domaines et à sa fortune. N'ai-je pas vu le 30 janvier? Je ne suis ni devin ni astrologue; mais le vieux Will m'apprend que l'hiver approche quand les feuilles vertes tombent, et que la nuit arrive quand le soleil se couche (1).

— Qu'en penseriez-vous, monsieur, si, sans vous demander aucun acte de soumission, sans exiger de vous aucun serment, sans vous imposer aucune condition expresse ou tacite, si ce n'est de ne rien faire qui pût troubler la tranquillité publique, vous pouviez être remis en possession de la Loge de Woodstock et de tous les émolumens qui en dépendent? — J'ai de bonnes raisons pour espérer que cette permission vous sera accordée, sinon expressément, du moins à titre de *tolérance*.

— Oui, je vous comprends. On veut me traiter comme la monnaie du roi, qu'on frappe de la marque du Croupion (2) pour lui donner cours, quoique je sois trop vieux et trop dur pour qu'on puisse limer l'empreinte royale gravée sur mon cœur. Mon neveu, je ne veux rien de tout cela. Je ne suis resté à la Loge que

(1) Citation de Shakspeare. — ÉD.

(2) *The rump*, nom qu'on donnait alors au parlement, par mépris. — ÉD.

trop long-temps, et permettez-moi de vous dire qu'il y a long-temps que je l'aurais quittée avec mépris sans les ordres de quelqu'un que je pourrai servir peut-être encore. Je ne recevrai rien des usurpateurs, qu'ils se nomment Croupion ou Cromwell, que ce soit un diable ou une légion. Je n'accepterai pas d'eux un vieux bonnet pour couvrir mes cheveux gris, un manteau de rebut pour protéger mes membres contre le froid. Ils ne se vanteront pas d'avoir enrichi Abraham par leur générosité forcée. Je veux vivre, comme je mourrai, Lee le Loyal.

— Puis-je espérer que vous y réfléchirez, monsieur, et qu'en considération du peu qu'on exige vous me ferez une réponse plus favorable?

— Monsieur, si je change d'avis, ce qui n'est pas ma coutume, je vous en informerai. — Et maintenant, mon neveu, avez-vous autre chose à me dire? Nous retenons ce digne ministre dans cette autre chambre.

— J'avais quelque chose à dire..... quelque chose de relatif à ma cousine Alice, dit Everard avec embarras; mais je crains que vos préventions contre moi ne soient si fortement enracinées que.....

— Monsieur, je ne crains pas de laisser ma fille avec vous; j'irai rejoindre le bon docteur dans l'appartement de dame Jeanne. Je ne serai pas fâché que vous appreniez que je laisse à ma fille, autant qu'il est raisonable de le faire, le libre exercice de sa volonté.

Il se retira, et laissa ensemble les deux jeunes gens.

Everard s'avança vers Alice, et il allait lui prendre la main; mais elle la retira, s'assit sur le fauteuil que son père venait de quitter, et lui montra une chaise à quelque distance.

— Ma chère Alice, s'écria Everard, sommes-nous donc devenus si étrangers l'un pour l'autre?

— Nous en parlerons dans un moment. Permettez-moi d'abord de vous demander le motif de votre visite à une pareille heure.

— Vous avez entendu ce que je viens de dire à votre père.

— Oui, mais il paraît que vous aviez une autre raison pour venir ici, — une raison qui semble me concerner particulièrement.

— C'était une illusion, une étrange méprise. — Puis-je vous demander si vous êtes sortie ce soir.

— Certainement non. Je n'ai guère envie de sortir de ma demeure actuelle, quelque humble qu'elle soit; j'ai d'importans devoirs à y remplir. — Mais pourquoi le colonel Everard me fait-il une question si étrange?

— Dites-moi d'abord pourquoi votre cousin Markham a perdu ce nom, que lui donnaient toujours l'amitié, la parenté, et même un sentiment plus tendre, et alors je vous répondrai.

— Ma réponse est toute simple. Quand vous tirâtes l'épée contre la cause de mon père, — presque contre sa personne, — je cherchai, peut-être plus que je ne l'aurais dû, à trouver des excuses pour votre conduite. — Je connaissais, c'est-à-dire je croyais connaître vos hautes idées de patriotisme. — Je savais dans quelles opinions vous aviez été élevé, et je me disais : S'il est ennemi de son roi, il est loyal envers sa patrie; je ne le bannirai pas de mon cœur pour cela. — Vous fîtes tous vos efforts pour empêcher cette cruelle tragédie de se terminer par la catastrophe sanglante du 30 janvier, et cette circonstance me confirma dans l'opinion que

Markham Everard pouvait se laisser égarer, mais qu'il ne serait jamais ni vil ni intéressé.

— Et pourquoi avez-vous changé d'opinion, Alice? demanda le colonel en rougissant. Qui ose attacher de pareilles épithètes au nom de Markham Everard?

— Ce n'est pas sur moi que vous trouverez à exercer votre valeur, colonel Everard, et je n'ai pas dessein de vous offenser. Mais assez d'autres vous diront que le colonel Everard fait bassement la cour à l'usurpateur Cromwell, et que tous ses beaux prétextes de vouloir assurer la liberté de son pays ne sont qu'un manteau dont il se couvre pour faire un marché avantageux avec le tyran, et en obtenir des faveurs pour lui et pour sa famille.

— Pour moi, jamais!

— Mais pour votre famille? — Oui, je sais positivement que vous avez indiqué à ce despote militaire le moyen par lequel lui et ses satrapes pourraient maîtriser le gouvernement. — Croyez-vous que mon père ou moi nous voulussions accepter un asile acheté au prix de la liberté de l'Angleterre et de votre honneur?

— Juste ciel, Alice, que signifie un tel langage? vous me faites un reproche aujourd'hui d'avoir suivi la conduite que vous avez approuvée autrefois.

— Quand vous nous parliez de la part de votre père, et que vous nous engagiez à nous soumettre au gouvernement existant, quel qu'il fût, j'avoue que je pensais que les cheveux blancs de mon père pouvaient rester sous le toit qui leur avait si long-temps servi d'abri. Mais est-ce d'après le conseil de votre père que vous avez encouragé un soldat ambitieux à de nouvelles innovations; que vous êtes devenu le fauteur de la nouvelle tyrannie qu'il veut établir?—C'est une chose de se soumettre à l'oppression, mais c'en est une autre de se rendre l'agent d'un tyran, et... Markham!—d'en devenir le limier.

—Le limier!—Comment!—Que voulez-vous dire?—J'avoue qu'il est vrai que je verrais avec plaisir les blessures de ma patrie se fermer, fallût-il voir Cromwell, après son élévation sans égale, s'élever encore à un degré de plus;—mais devenir son limier! Qu'entendez-vous par là?

—Cela est donc faux?—Je le croyais ainsi;—j'aurais fait serment que cela était faux!

—Au nom du ciel, de quoi parlez-vous?

—Il est faux que vous vous soyez engagé à livrer le jeune roi d'Écosse entre les mains de Cromwell.

—A le livrer!—Moi le livrer!—livrer un fugitif, quel qu'il soit!—jamais!—Je voudrais qu'il fût hors d'Angleterre;—je chercherais à faciliter sa fuite s'il était en cette maison; et je croirais, en agissant ainsi, rendre service à ses ennemis en les empêchant de se souiller de son sang.—Mais le livrer! jamais!

—Je le savais;—j'étais sûre que cela était impossible! Mais faites encore plus, Markham; séparez votre sort de celui de ce soldat sombre et ambitieux! fuyez-le; ne prenez aucune part à ses projets, qui ne sont fondés que sur l'injustice, et qui ne peuvent se réaliser qu'aux dépens de nouveaux torrens de sang.

—Croyez, chère Alice, que j'ai choisi, pour la suivre, la ligne politique qui convient le mieux au temps où nous vivons.

—Choisissez celle qui convient le mieux au devoir, Markham, qui est la plus conforme à l'honneur et à la vérité;—faites votre devoir, et laissez à la Providence le soin du reste.—Adieu! nous mettons trop à l'épreuve la patience de mon père; —vous connaissez son caractère.—Adieu, Markham.

Elle lui tendit une main, sur laquelle il appuya ses lèvres, et sortit de l'appartement, où son père rentra sur-le-champ. Un salut silencieux à son oncle, un signe qu'il fit à Wildrake, qui s'était retiré dans la cuisine, furent les seuls indices qui prouvèrent qu'il les reconnaissait. Remontant alors à cheval à la porte de la chaumière, il reprit avec son compagnon le chemin de la Loge de Woodstock.

CHAPITRE XIV.

> « On commet sur la terre
> » Des crimes que poursuit un châtiment vengeur
> » Avant que cette terre ait couvert leur auteur.
> » Que ce soit vision, que ce ne soit qu'un songe,
> » Le meurtrier, en proie au remords qui le ronge,
> » Voit au pied de son lit celui qu'il a frappé
> » Lui montrer le poignard de sang encor trempé. »
>
> *Ancienne comédie.*

Everaud avait couru à la chaumière de Jocelin aussi vite que son cheval avait pu l'y conduire; il ne voyait pas d'alternative dans ce qu'il avait à faire, il croyait avoir un droit incontestable de donner des avis, et même de faire des remontrances à sa cousine, quelque chère qu'elle lui fût, relativement au rôle qu'elle paraissait avoir joué dans un complot dangereux. Il revint d'un pas plus tranquille, et dans une situation d'esprit toute différente.

Non-seulement Alice, aussi prudente que belle, lui

paraissait complètement disculpée du soupçon d'une inconséquence qui, pensait-il, lui avait donné quelque autorité sur elle; mais les vues politiques de sa cousine, quoique difficiles à mettre en pratique, lui semblaient alors plus nobles et plus droites que les siennes. Cette idée le porta à se demander à lui-même s'il ne s'était pas trop avancé avec Cromwell, quoique le pays fût tellement déchiré par les factions, que la seule chance d'éviter le renouvellement de la guerre civile paraissait être d'armer le bras du général de toute la plénitude du pouvoir exécutif. Les sentimens plus purs et plus exaltés d'Alice l'abaissaient lui-même à ses propres yeux; et, quoiqu'il continuât à penser qu'il valait mieux confier le gouvernail d'un navire à un pilote qui n'y avait aucun droit, que de le laisser se briser sur les écueils, il sentait qu'elle soutenait le côté de la question le plus noble, le plus droit et le plus désintéressé.

Pendant qu'Everard se livrait à ces réflexions désagréables, et se sentait un peu déchu dans sa propre estime, Wildrake, qui marchait à son côté, et qui n'aimait pas à garder long-temps le silence, entama la conversation.

— Je pensais, Markham, lui dit-il, que si toi et moi nous avions été appelés au barreau,—ce qui, soit dit en passant, a failli m'arriver dans plus d'un sens (1),—si nous nous étions faits avocats, dis-je, j'aurais eu la langue la plus mielleuse des deux. — J'aurais mieux réussi dans le bel art de la persuasion.

— Peut-être, répondit Everard. — Cependant je ne t'ai jamais vu en faire usage, si ce n'est pour engager un

(1) C'est-à-dire comme accusé, sinon comme avocat. — Éd.

usurier à te prêter de l'argent, ou un aubergiste à diminuer le prix de l'écot.

—Et pourtant, ce jour, ou plutôt cette nuit, j'aurais pu remporter une victoire qui t'a échappé.

—Vraiment! dit le colonel, devenant plus attentif.

—Véritablement. Ton principal but était de déterminer miss Alice Lee..., créature divine, de par le ciel! Markham, j'approuve ton goût.—Ton but, disais-je, était de la décider, ainsi que le vieux Troyen son père, à retourner à la Loge de Woodstock, avec une permission tacite, et à y vivre tranquillement, en braves gens, au lieu de rester dans une hutte à peine digne de recevoir un Tom de Bedlam (1).

—Tu ne te trompes pas; c'était un des grands motifs de ma visite.

—Mais peut-être tu te proposais aussi d'y aller toi-même fréquemment, afin d'avoir les yeux sur la jolie miss Lee! Ai-je encore deviné juste?

—Jamais je n'ai conçu une idée si intéressée; et si j'avais une explication des aventures nocturnes qui s'y passent, et que j'en visse la fin, j'en partirais sur-le-champ.

—Ton ami Noll attend de toi quelque chose de plus, Everard. Il espère que, dans le cas où la réputation de loyauté du vieux chevalier attirerait à la Loge quelque pauvre diable d'exilé, de fugitif, tu seras aux aguets pour jeter le grappin sur lui. En un mot, autant que j'ai pu comprendre ses longs discours à perte d'haleine, il veut faire de Woodstock une souricière; de ton oncle et de ta jolie cousine, à qui je demande pardon de la

---

(1) Un fou.—Éd.

comparaison, un morceau de fromage grillé pour servir d'appât, et de toi, Everard, le ressort qui, en se détendant, prendra la souris au piège, Son Excellence se réservant le rôle du chat qui doit la dévorer quand elle sera prise.

—Cromwell a-t-il osé te faire expressément une pareille proposition? s'écria le colonel en retenant son cheval, et en s'arrêtant au milieu de la route.

—Non, pas très-expressément, car je ne crois pas qu'il lui soit arrivé une seule fois dans sa vie de parler en termes bien clairs et bien précis. — Autant vaudrait s'attendre à voir un homme ivre marcher droit. — Mais il me l'a donné à entendre, et il m'a insinué que tu lui rendrais un vrai service si..... Morbleu! cette proposition infernale ne peut me sortir du gosier, — si tu livrais entre ses mains, — ici Wildrake ôta son chapeau, — notre noble et légitime souverain, à qui Dieu puisse-t-il accorder santé, richesse et un long règne, comme le disait le digne ministre, quoique je craigne que Sa Majesté ne soit à présent dans une fâcheuse situation de corps et d'esprit, et n'ait pas un shilling dans sa poche par-dessus le marché.

— Cela se rapporte parfaitement à ce que m'a dit Alice. — Mais comment a-t-elle pu le savoir? Lui en as-tu dit quelque chose?

— Moi! moi, qui ai vu miss Lee ce soir pour la première fois de ma vie, et seulement un instant! — Morbleu! Markham, comment veux-tu que j'aie pu lui en dire un seul mot?

— Impossible, j'en conviens, dit Everard; et il resta quelques instans plongé dans ses réflexions.

— Je devrais, dit-il enfin, demander compte à Cromwell de la mauvaise opinion qu'il a de moi ; car, quoiqu'il ne t'ait pas tenu ce langage sérieusement, mais uniquement, comme j'en suis convaincu, pour te mettre à l'épreuve, et peut-être pour m'éprouver moi-même, cependant la supposition seule est une insulte difficile à passer sous silence.

Je lui porterai un cartel de ta part de tout mon cœur et de toute mon ame, s'écria Wildrake ; et j'escarmoucherai avec le second de sa Sainte Excellence avec autant de plaisir que j'ai jamais bu un verre de vin.

— Les hommes placés à un rang si élevé ne se battent pas en combat singulier. — Mais dis-moi, Roger, toi-même m'as-tu cru capable d'un acte de perfidie et de trahison semblable à celui que tu crois avoir été chargé de me proposer ?

— Moi ! Tu es mon plus ancien ami, Markham, tu m'as constamment rendu service ; après la prise de Colchester tu m'as sauvé du gibet ; et depuis ce temps tu m'as vingt fois empêché de mourir de soif et de faim. Mais, de par le ciel ! si je te croyais capable d'une infamie telle que celle que ton général te demande, par le firmament qui nous couvre, par toutes les œuvres de la création qui nous environnent, je te poignarderais de ma propre main.

— Et ma mort serait méritée, quoique ce ne fût peut-être pas de ta main que je dusse la recevoir. — Mais heureusement je ne puis, quand même je le voudrais, me rendre coupable de la trahison que tu voudrais punir. J'ai appris aujourd'hui, par une dépêche secrète de Cromwell lui-même, que le Jeune Homme s'est échappé par mer. Il s'est embarqué à Bristol.

— Gloire et louange à Dieu, qui l'a protégé au milieu de tant de dangers! s'écria Wildrake. — Huzza! — Courage, Cavalier! — bravo, Cavalier! — Vive le roi Charles! — Lune, étoiles, à vous mon chapeau!

Il lança son chapeau en l'air de toutes ses forces; mais les corps célestes qu'il invoquait n'acceptèrent pas le présent qui leur était destiné; et, comme nous l'avons vu arriver à l'égard du fourreau de l'épée de sir Henry Lee, les branches d'un vieux chêne devinrent une seconde fois dépositaire des dépouilles d'un royaliste enthousiaste. Wildrake parut un peu sot de cette circonstance, et son ami saisit cette occasion pour le chapitrer.

— N'es-tu pas honteux de ta conduite d'écolier? lui dit-il. — Ma foi, répondit Wildrake, je n'ai fait que charger un chapeau de puritain d'un message loyal. Je ris en pensant combien de ces écoliers dont tu parles seront attrapés l'année prochaine en grimpant sur ce chêne dans l'espoir de trouver dans ce vieux feutre le nid de quelque oiseau inconnu.

— Trève de folies, pour l'amour du ciel, et tâchons de parler avec calme. — Charles s'est échappé, et j'en suis ravi. Je l'aurais vu volontiers s'asseoir sur le trône de ses pères, mais par composition, et non à l'aide d'une armée écossaise ou de royalistes courroucés et vindicatifs; et.....

— Maître Markham Everard! s'écria le Cavalier en l'interrompant.

— Silence, mon cher Wildrake; ne disputons pas sur un point sur lequel nous ne pouvons être d'accord, et permets-moi de continuer. — Je dis que, puisque le Jeune Homme s'est échappé, la stipulation injurieuse et offensante de Cromwell tombe d'elle-même, et je ne vois pas pourquoi mon oncle et sa famille ne pourraient pas rentrer chez eux comme tant d'autres royalistes sur lesquels on ferme les yeux. Quant à moi, ma situation est différente, et je ne puis déterminer la marche que je dois suivre avant d'avoir eu une entrevue avec le général. Elle se terminera probablement par l'aveu qu'il fera qu'il n'a mis en avant cette proposition insultante que pour nous sonder tous deux. C'est assez sa manière, car il n'a plus qu'une sensibilité émoussée, et il ne connaît pas cette délicatesse de point d'honneur que les hommes braves de nos jours portent jusqu'au scrupule.

— Je l'absous bien volontiers du péché d'être trop scrupuleux sur l'honneur et l'honnêteté. — Mais revenons-en où nous en étions. — En supposant que tu ne prennes pas ton domicile à la Loge, et que tu t'abstiennes même d'y faire des visites, à moins d'une invitation spéciale quand cela pourra arriver, je te dirai franchement que ton oncle et sa fille pourraient se décider à y retourner et à y demeurer comme auparavant. Du moins le ministre, ce digne vieux coq, me l'a donné à espérer.

— Il a été bien prompt à t'accorder sa confiance.

— Cela est vrai; il me l'a accordée sur-le-champ, parce qu'il n'a eu besoin que de me voir pour reconnaître mon respect pour l'Église. Je remercie le ciel de n'avoir jamais passé près d'un ministre en costume sans lui ôter mon chapeau. Tu sais que si jamais il y eut un duel désespéré, c'est le mien avec le jeune Grayless d'Inner-Temple (1), parce qu'il avait pris le côté du mur

(1) Avec un *templier*, comme on appelait les étudians en droit qui habitaient *Inner-Temple* et les autres *Inns* du quartier du Temple à Londres. — Éd.

au lieu de le céder au révérend docteur Bunce. — Ah ! il ne me faut qu'un moment pour gagner le cœur et l'oreille d'un ministre. — Morbleu ! ils savent de suite à qui ils ont affaire en se fiant à moi.

— Crois-tu donc, ou, pour mieux dire, ce digne ministre croit-il que si mon oncle était certain de ne pas me voir à la Loge sans permission, il se déciderait à y retourner, en supposant que les commissaires en fussent partis et que tout ce tapage nocturne fût expliqué et terminé ?

— Le vieux ministre croit qu'il pourrait y déterminer le vieux chevalier s'il avait l'esprit en repos sur le premier point. Quant au tapage dont tu parles, il ne fait qu'en rire ; et, autant que j'ai pu en juger par deux minutes de conversation, il pense que c'est l'ouvrage de l'imagination, la suite des remords de conscience de ceux qui croient l'entendre, et il dit qu'on n'a jamais entendu ni diables ni esprits dans la Loge de Woodstock avant qu'elle fût le domicile de ceux qui s'en sont mis en possession.

— Il y a en cela plus que de l'imagination, Wildrake. J'ai des motifs personnels pour être convaincu qu'un complot a été tramé pour forcer les commissaires à déguerpir de la Loge. Je suis sûr que mon oncle est étranger à ce projet ridicule ; mais il faut que j'éclaircisse ce mystère avant de consentir qu'il revienne avec sa fille habiter un lieu qui est le théâtre d'un pareil complot ; car on les regardera probablement comme en ayant été les auteurs, quels que puissent être ceux qui l'ont imaginé.

— Pardon si je parle avec si peu de respect d'une puissance que tu dois connaître mieux que moi, Markham, mais je soupçonnerais plutôt le vieux père des Puritains, — pardon encore une fois, — d'être pour quelque chose dans toute cette affaire ; et si cela est, Lucifer n'osera jamais lever les yeux sur la barbe vénérable du vieux et loyal chevalier, ni supporter le regard d'innocence de sa charmante fille. Je les garantis tous deux aussi en sûreté que l'or qui se trouve dans le coffre-fort d'un avare.

— As-tu vu quelque chose qui te porte à parler ainsi ?

— Rien. Je n'ai pas vu une seule plume de l'aile du diable. Il se croit trop sûr d'un ancien Cavalier qui, à la longue, doit être pendu, décapité ou noyé, pour s'inquiéter d'un butin qu'il regarde comme assuré. Mais j'ai entendu les domestiques jaser de ce qu'ils avaient vu et entendu ; et, quoique leurs histoires ne fussent pas très-claires, je dois dire, pour peu qu'il s'y trouve un mot de vérité, que le diable s'est mêlé à la danse. — Mais un instant ; quelqu'un avance vers nous. — Halte-là, l'ami ! — qui es-tu ?

— Un pauvre journalier dans le grand ouvrage de l'Angleterre, Joseph Tomkins, secrétaire d'un des saints et vaillans chefs de cette armée chrétienne, nommé le major-général Harrison.

— Qu'y a-t-il donc de nouveau, maître Tomkins ? demanda le colonel Everard. Pourquoi êtes-vous sur la route à une pareille heure ?

— Je parle au digne colonel Everard, à ce qu'il me semble, et je suis véritablement charmé d'avoir rencontré Votre Honneur. — Dieu sait que j'ai grand besoin de votre secours. — O digne colonel Everard ! — les trompettes ont sonné ; — les vases de la sainte colère ont été répandus ; — les…..

— En deux mots, de quoi s'agit-il? — Qu'est-il arrivé? — où est ton maître?

— Mon maître est ici près, se promenant dans la petite prairie, près du gros chêne auquel on a donné le nom du tyran défunt. Faites seulement deux pas, et vous le verrez marcher en long et en large l'épée à la main.

Les deux amis avancèrent en faisant le moins de bruit possible; ils virent un homme qu'ils conclurent devoir être Harrison, allant et venant en face du chêne du roi comme une sentinelle sous les armes, mais avec un air plus agité. Le bruit des chevaux frappa son oreille; on l'entendit crier, comme s'il eût été à la tête de sa brigade : — Baissez les piques! — Voici la cavalerie du prince Rupert qui arrive. — Tenez ferme, et vous la renverserez comme un boule-dogue renverserait un roquet. — Baissez vos piques, vous dis-je, mes braves, et appuyez-en le bout contre votre pied. — Premier rang, le genou droit en terre! — N'ayez pas peur de gâter vos tabliers bleus. — Ah! Zorobabel. — Oui, c'est le mot.

— Au nom du ciel, de qui et de quoi parle-t-il? demanda Everard; et pourquoi se promène-t-il ainsi l'épée à la main?

— Véritablement, monsieur, quand quelque chose trouble l'imagination de mon maître le général Harrison, il est quelquefois ravi en esprit, et il se figure qu'il commande le corps de piquiers de réserve à la grande bataille d'Armageddon (1); — et quant à son

---

(1) Style biblique familier aux fanatiques de l'école d'Harrison.
Éd.

épée, digne colonel, hélas! pourquoi tiendrait-il le bon acier de Sheffield enfermé dans un fourreau de cuir quand il y a des ennemis formidables à combattre, — des esprits incarnés sur la terre, et des esprits infernaux sous la terre?

— Voilà qui est intolérable! s'écria Everard. Écoute-moi bien, Tomkins; tu n'es pas maintenant dans la chaire, et je n'ai que faire de ton jargon de prédicant. Je sais que tu es en état de parler d'une manière intelligible quand tu en as la fantaisie. Souviens-toi que je puis te récompenser et te punir; et, si tu espères ou si tu crains quelque chose de moi, explique-toi clairement. Qu'est-il arrivé pour que ton maître soit à courir les champs à une pareille heure?

— Véritablement, honorable colonel, je vous répondrai avec autant de précision que je le pourrai. Il est vrai que le souffle de l'homme, qui est dans ses narines, va et vient comme.....

— Point de semblables circonlocutions avec moi, drôle! Tu sais qu'à la bataille de Dunbar en Écosse le général lui-même appuya un pistolet sur le front du lieutenant Hewereed, et le menaça de lui brûler la cervelle s'il ne cessait de prêcher, et ne rangeait son escadron en bon ordre à la première ligne. — Prends garde à toi!

— Véritablement je m'en souviens, digne colonel; et le lieutenant fit alors une si belle charge qu'il repoussa jusque dans la mer un millier de plaids et de toques bleues (1). De même je n'apporterai ni délai ni obstacle

(1) Costume caractéristique des Écossais. — Éd.

à l'exécution des ordres de Votre Honneur, et j'y obéirai sur-le-champ.

Commence donc; tu sais ce que je veux savoir. — Explique-toi. — Je sais que tu le peux si tu en as la volonté. Tomkins le Fidèle est mieux connu qu'il ne le pense.

— Digne colonel, répondit Tomkins marchant au but par une ligne un peu plus droite, j'obéirai à Votre Honneur autant que l'Esprit me le permettra. — Véritablement il n'y a pas une heure que mon honorable maître étant à table avec Bibbet et moi, pour ne point parler du respectable maître Bletson et du colonel Desborough, voilà qu'on frappa à la porte à coups redoublés, comme si l'on eût été bien pressé. Or toute la maison avait été tellement harassée par les diables et les esprits, par tout ce qu'on avait vu et entendu, qu'il avait été impossible d'obtenir des soldats qu'ils gardassent les postes extérieurs, et ce n'est qu'en triplant les rations de bœuf et de liqueurs fortes qu'on avait pu maintenir une garde de trois hommes dans le vestibule. Et cependant aucun d'eux ne voulait se hasarder à ouvrir la porte, de peur d'y trouver quelqu'un des esprits dont ils avaient l'imagination remplie. Ils entendaient pourtant frapper à la porte avec une telle force que je croyais qu'on l'enfoncerait. Le digne maître Bibbet était un peu en train, comme c'est sa coutume, le brave homme, à cette heure du soir; non qu'il ait le moindre penchant à l'ivrognerie, mais simplement parce que depuis ses campagnes en Écosse il est attaqué d'une fièvre continue qui l'oblige à se fortifier ainsi le corps contre l'humidité de la nuit. C'est pourquoi, comme Votre Honneur sait, je remplis les devoirs d'un fidèle serviteur, tant à l'égard du major-général Harrison et des autres commissaires qu'envers le colonel Desborough, mon juste et légitime maître.....

— Je sais tout cela ; et, puisque tu as leur confiance à tous deux, je prie le ciel que tu la mérites.

— Et je le prie bien dévotement que les prières de Votre Honneur soient écoutées favorablement, car véritablement les titres de Joseph l'Honnête et de Tomkins le Fidèle sont plus précieux pour moi que ne le serait celui de comte, si l'on en accordait encore de semblables sous ce gouvernement régénéré.

— Allons, continue. Si tu divagues plus long-temps, je te disputerai ton titre à l'honnêteté. J'aime les histoires courtes, et je doute de tout ce qu'on me dit avec trop de circonlocutions.

— Je continue, digne colonel ; mais ne soyez pas si impatient. Comme je vous le disais, on frappait avec tant de force à la porte qu'on aurait cru qu'on frappait en même temps dans toutes les chambres de la Loge. La cloche sonna, et cependant nous ne vîmes personne la mettre en branle, et nos trois gardes laissèrent tomber leurs fusils par terre, uniquement parcequ'ils ne savaient que faire de mieux. Maître Bibbet, comme je vous l'ai dit, n'étant pas en état de faire son devoir, je pris ma pauvre rapière, j'allai à la porte, et demandai : — Qui est là ? La voix qui me répondit, et je dois dire qu'elle ressemblait beaucoup à une autre voix, demanda à parler au major-général Harrison : de sorte que, comme il était tard, je répondis avec douceur que le général Harrison s'était retiré dans sa chambre à coucher, et que quiconque désirait lui parler pouvait revenir le lendemain matin, vu qu'après la nuit tombée la porte de la Loge en était la garnison, et ne s'ouvrait plus : sur quoi la voix m'ordonna de l'ouvrir à l'instant même si je ne voulais en voir les deux battans tomber dans le vestibule. En effet le tapage recommença au point que nous crûmes que la maison allait s'écrouler ; et je fus en quelque sorte contraint d'ouvrir la porte, comme une garnison assiégée qui ne peut tenir plus long-temps.

— Sur mon honneur, c'était agir bravement, je dois le dire, s'écria Wildrake, qui avait écouté avec une grande attention. Je défierais le diable au besoin; mais si j'avais entre lui et moi une bonne planche de chêne de deux pouces d'épaisseur, du diable si je renverserais cette barrière. Autant vaudrait, à bord d'un navire, en percer la quille pour y laisser entrer les vagues ; car vous savez que l'on compare toujours le diable à la mer profonde.

— Silence, je t'en prie, Wildrake, dit Everard, et laisse-le terminer son histoire. Eh bien, quand la porte a été ouverte, qu'as-tu vu? le grand diable, ses cornes et ses griffes, vas-tu dire sans doute.

— Non, monsieur, je ne vous dirai rien qui ne soit vrai. Quand j'ai ouvert la porte, je n'ai vu qu'un homme, et un homme qui ne paraissait avoir rien d'extraordinaire. Il était enveloppé d'un grand manteau de taffetas écarlate. Il paraissait avoir été dans son temps un fort bel homme : mais il avait le visage pâle et le front soucieux. Il portait de longs cheveux, à la manière des Cavaliers, et cette longue mèche, dite tresse d'amour, que le savant maître Prynne (1) a justement appelée

---

(1) Un des prédicateurs du temps qui firent la guerre en chaire aux vanités de la mode, etc. — Éd.

l'abomination de la tresse d'amour. Il avait un joyau à l'oreille, une écharpe bleue passée sur son épaule, comme un officier du roi, avec un chapeau surmonté d'une plume blanche, et entouré d'un ruban tout particulier.

— Quelque malheureux Cavalier, dit Everard, du nombre de ceux qui sont à errer dans tout le pays pour tâcher de trouver un asile.

— L'explication est judicieuse, digne colonel; mais il y avait en cet homme, si c'était un homme, quelque chose qui faisait que je ne pouvais le regarder sans trembler. Et quant aux soldats qui étaient dans le vestibule, ils furent tellement effrayés qu'ils avalèrent, comme ils en conviendront eux-mêmes, les balles qu'ils avaient dans la bouche pour charger leurs carabines et leurs mousquets. Les chiens même, les chiens élevés à la chasse du loup et du daim, qui sont les plus intrépides de leur race, se cachaient dans tous les coins, et osaient à peine gronder sourdement. Il avança jusqu'au milieu du vestibule, et il ne semblait encore qu'un homme comme un autre, si ce n'est qu'il était singulièrement vêtu, ayant sous son manteau un pourpoint de velours noir tailladé en satin écarlate, un joyau à l'oreille, de grandes rosettes à ses souliers, et un mouchoir à la main, qu'il appuyait de temps en temps sur son flanc gauche.

— Juste ciel! dit Wildrake en s'approchant d'Everard, et d'une voix que la terreur rendait tremblante, sentiment très-extraordinaire en ce jeune homme audacieux, mais dont il semblait n'être pas le maître : — Il faut que ce soit le pauvre comédien Dick Robison. C'est précisément le costume qu'il portait la dernière fois que je le vis jouer le rôle de Philaster (1), et il l'avait encore lorsque après la pièce nous vidâmes joyeusement une bouteille à la Sirène. Que de folies nous avons faites ensemble! Comme je me rappelle toutes ses petites manières originales! — Il servit son ancien maître Charles dans la compagnie de Mohun, et il fut, dit-on, assassiné par ce chien de boucher, après s'être rendu, à la bataille de Naseby.

— Paix! dit Everard; j'en ai entendu parler; mais écoutons le reste de ce récit. — Eh bien! cet homme vous a-t-il parlé?

— Oui, monsieur, il m'a parlé, et même d'une voix dont le son était agréable. Mais il y avait dans son accentuation quelque chose d'affecté, et qui ressemblait moins au ton d'une conversation ordinaire qu'au débit d'un prédicateur ou d'un avocat qui parle devant un auditoire. Il demanda à voir le major-général Harrison.

— Il vous fit cette demande? dit Everard, qui n'était peut-être pas exempt de la superstition favorite d'un temps où l'on croyait aux apparitions surnaturelles; — et vous, que fîtes-vous?

— Je montai dans l'appartement du major-général, et je lui dis qu'un homme fait de telle et telle manière désirait lui parler. Il tressaillit, et me demanda vivement quel costume il portait. Mais je ne lui eus pas plus tôt dépeint son manteau, son pourpoint, et le joyau qu'il portait à l'oreille, qu'il s'écria: — Retire-toi! va lui dire que je ne veux pas lui parler ici; que je le défie

---

(1) Héros de la pièce de ce nom, par Beaumont et Fletcher.
Éd.

et que je lui donne rendez-vous dans la vallée d'Armageddon le jour de la grande bataille qui y sera livrée, quand, à la voix de l'ange, tous les oiseaux qui volent sous la voûte du ciel viendront se repaître de la chair du capitaine et du soldat, du cheval de guerre et du cavalier. — Dis au méchant Esprit que j'ai le pouvoir de remettre notre querelle jusqu'à ce jour, et qu'en ce jour terrible il rencontrera encore une fois Harrison. — Je reportai cette réponse à l'étranger dont le front se rida, et il fronça le sourcil d'une manière qui n'avait rien d'humain. — Va le retrouver, me dit-il, et dis-lui que MON HEURE EST ARRIVÉE, et que, s'il ne descend pas sur-le-champ pour venir me trouver, je monterai pour l'aller chercher. Dis-lui que je LUI ORDONNE de descendre, et que je lui en donne pour signe que, sur le champ de bataille de Naseby, *il n'a pas mis à la charrue une main négligente.*

— J'ai entendu raconter, dit à demi-voix Wildrake qui éprouvait de plus en plus la contagion de la superstition, qu'Harrison tint ce langage après avoir lâchement assassiné mon pauvre ami Dick.

— Qu'arriva-t-il ensuite ? demanda Everard. Prends bien garde de ne rien dire que la vérité !

— Ce que je vous dis est vrai comme l'Évangile, sans commentaire ni explication, répondit l'indépendant ; mais véritablement il me reste peu de chose à y ajouter. Comme j'allais remonter, je vis mon maître descendre, le visage un peu pâle, mais l'air déterminé. Quand il entra dans le vestibule et qu'il vit l'étranger, il s'arrêta, et celui-ci en sortit en lui faisant signe de le suivre. Mon digne maître semblait en avoir l'intention, car il fit quelques pas ; mais il s'arrêta encore : sur quoi l'étranger, soit homme, soit diable, soit esprit, lui dit:—Obéis à ton destin.

> Ton destin est de me suivre
> Sur des sentiers non tracés
> Dans l'ombre de la nuit, dans les bois délaissés..
> Oui, ton sort à moi te livre.
> Suis-moi, mes pas sont pressés.
> Obéis! Je te conjure
> Par le sang que tu vois couler de ma blessure,
> Et par les derniers mots que ma voix proféra
> Lorsque d'un corps mortel l'esprit se sépara!

A ces mots, il sortit de nouveau, et mon maître marcha sur ses pas en s'avançant dans le bois. Je les suivis de loin; mais, quand j'arrivai ici, je trouvai le général Harrison seul, et occupé comme vous le voyez en ce moment.

— Il faut que tu aies une mémoire merveilleuse, dit froidement le colonel, pour te rappeler ainsi des vers que tu n'as entendus qu'une seule fois. — Cela a l'air d'un rôle étudié.

— Que je n'ai entendus qu'une seule fois! s'écria l'indépendant; hélas! honorable colonel, ces vers sont dans la bouche de mon pauvre maître toutes les fois qu'il est moins triomphant qu'il ne le voudrait dans sa lutte contre Satan, ce qui ne laisse pas d'arriver de temps en temps. Mais c'était la première fois que je les entendais débiter par un autre; et, pour dire la vérité, le général Harrison semble toujours les prononcer involontairement, comme un enfant qui récite sa leçon devant son maître, et non comme le lui indique sa propre tête, selon l'expression du psalmiste.

— Cela est étrange, dit Everard. J'avais entendu dire

que les esprits des gens assassinés conservaient un pouvoir singulier sur leurs assassins ; mais je suis surpris d'être obligé de croire qu'il puisse y avoir de la vérité dans de pareilles histoires. Eh bien ! Roger, de quoi as-tu peur ? Pourquoi changes-tu ainsi de place ?

— Peur ! ce n'est point peur ; — c'est haine, haine mortelle. — J'ai devant les yeux le meurtrier du pauvre Dick. — Voyez ! le voilà qui se met en posture de défense. — Attends ! — Attends-moi, chien de boucher ! tu vas trouver un antagoniste.

Avant que personne eût le temps de l'arrêter, Wildrake jeta son manteau, tira son épée, et presque d'une seul bond franchit la distance qui le séparait d'Harrison. Leurs lames se croisèrent, car le général républicain était en garde, comme s'il se fût attendu à être attaqué par un ennemi, et il ne fut pas surpris à l'improviste. Mais du moment que leurs épées se croisèrent, il s'écria : — Ah ! te voilà donc enfin ! tu as repris ton corps pour venir me trouver ! — Tu es le bienvenu ! — le bienvenu ! — le glaive du Seigneur et de Gédéon !

— Séparons-les ! séparons-les ! s'écria Everard, que la surprise avait retenu un instant immobile, ainsi que Tomkins. Et s'élançant tous deux sur les combattans, Everard saisit le Cavalier entre ses bras, et le tira en arrière, tandis que Tomkins s'emparait, non sans risque et sans difficulté, de l'épée du général Harrison, qui s'écriait : — Ah ! deux contre un ! — Deux contre un ! — C'est ainsi que combattent les démons.

De son côté, Wildrake jurait comme un païen. — Markham, s'écria-t-il ensuite, vous avez biffé d'un seul trait toutes les obligations que je vous ai ; — elles sont annulées, — oubliées ; — je n'y songe plus, le diable m'emporte !

— Vous en avez bien prouvé votre reconnaissance, répondit Everard. Qui sait comment cette affaire sera interprétée, et qui en sera responsable ?

— Ma vie en répondra, dit Wildrake.

— Silence ! dit Tomkins, et fiez-vous à moi. J'arrangerai les choses de telle sorte que le bon général ne se doutera jamais qu'il a combattu un mortel. Seulement que ce Moabite rengaine sa rapière, et qu'il se tienne en repos.

— Wildrake, s'écria Everard, remets ton épée dans le fourreau, ou, sur ma vie, il faut que tu en tournes la pointe contre moi.

— Non, sur ma foi, répondit le Cavalier ; je ne suis pas encore assez fou pour cela. Mais je le retrouverai un autre jour.

— Toi, un autre jour ! s'écria Harrison, dont les yeux étaient toujours restés fixés sur le lieu où l'esprit qu'il croyait combattre lui avait opposé une telle résistance ; oui, je te connais ; chaque semaine, chaque jour, tu me fais la même demande, car tu sais que ta voix me fait tressaillir le cœur. — Mais mon bras ne tremble pas quand il rencontre le tien. — L'esprit est disposé au combat, si la chair est faible, quand il faut qu'elle attaque ce qui n'est pas de chair.

— Silence, pour l'amour du ciel ! s'écria le secrétaire Tomkins. Et s'adressant à son maître : — A qui parle Votre Excellence ? lui dit-il ; il n'y a personne ici que Tomkins et le digne colonel Everard.

S'il était livré à une véritable hallucination, le général, tout convaincu de la réalité de ses rêveries, évitait, comme il arrive à certains fous, de parler à ceux qui pouvaient les traiter d'imaginaires. Il fit donc succéder à l'agitation violente qu'il venait de montrer un air d'aisance et de calme qui prouvait combien il désirait cacher ses véritables sentimens à Everard.

Il salua le colonel avec un air de cérémonie, et parla de la beauté de la soirée, qui l'avait engagé à sortir de la Loge, pour faire une promenade dans le parc, et respirer un air frais. Il passa un bras sous celui d'Everard, et ils reprirent le chemin de Woodstock, Wildrake et Tomkins les suivant et conduisant les chevaux. Everard, désirant faire jaillir quelque lumière sur tous ces incidens mystérieux, tâcha plus d'une fois de faire tomber la conversation sur ce sujet par quelque question adroite; mais Harrison parait cette attaque avec autant de dextérité, et se faisait quelquefois appuyer par Tomkins le Fidèle, qui était habitué à confirmer en toute occasion tout ce que disaient ses maîtres, ce qui lui avait valu l'ingénieux sobriquet de Fibbet, comme l'avait dit Desborough.

— Mais pourquoi vous avons-nous trouvé ce soir l'épée à la main, général, demanda Everard, puisque vous ne faisiez qu'une promenade pour prendre l'air ?

— Parce que nous vivons dans un temps, colonel, où chacun doit se ceindre les reins et veiller, avoir sa lampe allumée, et ses armes sous la main. Croyez-moi ou ne me croyez pas, mais le jour approche où il faudra veiller pour n'être pas surpris nu et sans armes, quand les sept trompettes sonneront le boute-selle, et que les flûtes de Jezer donneront le signal de la marche.

— D'accord, général; mais j'ai cru vous voir vous

escrimer, comme si vous vous étiez battu contre quelqu'un.

— Je suis d'une humeur singulière, mon cher Everard. Quand je me promène seul, et que j'ai mon épée à la main, comme je l'avais tout à l'heure, il m'arrive quelquefois, pour m'exercer, de pousser quelques bottes contre un arbre, comme celui-là. C'est une folie de tirer vanité de sa science dans le maniement des armes ; mais j'ai passé pour bon maître d'escrime, et j'en ai disputé le prix plus d'une fois avant d'être régénéré, avant d'avoir été appelé à jouer un rôle dans le grand ouvrage, et d'être entré dans le premier régiment de cavalerie de notre victorieux général.

— Mais il me semble que j'ai entendu le bruit d'une épée qui frappait contre la vôtre ?

— Une épée frapper contre la mienne ! — Comment cela se peut-il, Tomkins ?

— Véritablement, monsieur, répondit l'indépendant, il faut que c'ait été une branche d'arbre. Il y en a ici de toute espèce, et Votre Honneur peut avoir poussé une botte contre un de ceux qu'on appelle au Brésil arbres de fer, et qui, frappés par un marteau, résonnent comme une enclume, comme le dit Purchass dans ses Voyages.

— Cela peut être, dit Harrison, car les tyrans qui ne sont plus avaient rassemblé dans ce séjour de leurs plaisirs des plantes et des arbres de tous les pays étrangers, quoiqu'ils n'y recueillissent pas le fruit de cet arbre qui en porte de douze espèces, et dont les feuilles sont le salut des nations.

Everard continua ses questions, car il était frappé de la manière dont Harrison éludait d'y répondre, et de l'adresse avec laquelle il employait ses idées exaltées et fanatiques comme un voile pour cacher les pensées plus sombres de ses remords.

— Cependant, dit-il, si je dois en croire mes yeux et mes oreilles, vous aviez affaire à quelque antagoniste. — Je suis sûr d'avoir vu un drôle en justaucorps d'une couleur foncée, se retirer dans le bois.

— L'avez-vous vu? s'écria Harrison avec un accent de surprise. Qui pouvait-ce être? — Tomkins, avez-vous vu le drôle dont parle le colonel Everard, ayant en main le mouchoir ensanglanté qu'il s'appuie toujours sur le flanc?

Ces dernières expressions par lesquelles Harrison décrivait son adversaire d'une manière différente de ce qu'Everard venait de dire, mais conforme à la description faite par Tomkins du spectre supposé, confirmèrent dans l'esprit du colonel l'histoire racontée par le secrétaire, plus que tout ce qu'il avait vu et entendu jusqu'alors. Tomkins fit honneur à la lettre de change tirée sur lui avec sa promptitude ordinaire, et répondit qu'il avait vu quelqu'un passer près d'eux et s'enfoncer dans le taillis, mais qu'il pensait que c'était quelque braconnier, attendu qu'ils étaient devenus très-audacieux depuis quelque temps.

— Vous voyez ce que c'est, Everard, dit Harrison, empressé d'écarter ce sujet de conversation. Mais dites-moi à présent, n'est-il pas temps de mettre de côté toutes nos controverses, et de nous occuper de concert à réparer les brèches de Sion? Je me trouverais heureux et content, mon excellent ami, d'être en cette occasion un manœuvre et un porteur de mortier, sous la conduite de notre grand général, avec qui la Providence a marché dans cette grande régénération nationale. Je suis si complètement dévoué à notre excellent et victorieux chef Olivier,— puisse le ciel le conserver long-temps ! — que, s'il me l'ordonnait, je n'hésiterais pas à arracher de son fauteuil l'homme qu'on appelle président, comme j'ai prêté mon faible secours pour arracher de son trône l'homme qu'on appelait roi. C'est pourquoi, comme je sais que votre opinion est semblable à la mienne sur ce sujet, qu'il me soit permis de vous conjurer amicalement d'unir nos efforts comme frères pour réparer les brèches et relever les boulevarts de notre Sion d'Angleterre, dont nous serons indubitablement les piliers et les arcs-boutans, pour la soutenir et la fortifier avec une dotation de revenus spirituels et temporels servant de piédestal pour nous établir, sans quoi nos fondations ne seraient assises que sur du sable mouvant. — Au surplus, continua-t-il passant rapidement de ses idées d'ambition terrestre à ses visions de la cinquième monarchie, — tout cela n'est que vanité en comparaison de l'ouverture du livre scellé; car les temps approchent où l'éclair brillera, où le tonnerre grondera, et où l'on verra sortir de l'abîme sans fond le grand dragon qui y est enchaîné.

Tout en mêlant ainsi la politique mondaine et ses prédictions fanatiques, Harrison s'empara tellement de la conversation, qu'il ne laissa au colonel Everard aucun moyen de le presser davantage relativement à sa promenade nocturne, sur les circonstances particulières de laquelle il était évident qu'il ne se souciait pas d'être interrogé. Enfin ils arrivèrent à la Loge de Woodstock.

CHAPITRE XV.

    « De ces tisons consumés à demi
    » On ne voit plus jaillir qu'une faible lumière ;
    » Du noir hibou l'épouvantable cri
    » Annonce au moribond le linceul et la bière ;
    » Il est minuit ; les tombeaux entr'ouverts
    » Vont vomir à l'instant des spectres redoutables ;
    » Et des esprits, des ombres lamentables,
    » Près du porche sacré vont errer dans les airs. »

                      SHAKSPEARE.

Les gardes étaient alors doublés devant la porte de la Loge; Everard en demanda la cause au caporal, qu'il trouva dans le vestibule avec le reste de ses soldats, assis ou endormi autour d'un grand feu entretenu aux dépens des chaises et des bancs dont on reconnaissait les fragmens.

— Il est bien vrai, colonel, répondit le caporal, que ce doublement de garde mettra le détachement sur les dents ; mais la peur les a tous gagnés, et personne ne veut monter la garde seul. Aussi avons-nous déjà tiré un renfort de nos avant-postes de Banbury, et nous en attendons un autre d'Oxford demain matin.

Everard fit encore plusieurs questions sur la position des sentinelles; les règles de la discipline et de la prudence avaient été exactement observées dans la distribution des postes. La seule chose qu'il y ajouta, d'après ce qui lui était arrivé dans la soirée, fut d'ordonner de placer une sentinelle additionnelle, si cette mesure semblait indispensable, dans le vestibule ou antichambre donnant sur la longue galerie, théâtre de son aventure, et qui communiquait avec divers appartemens.

Le sous-officier lui ayant promis d'exécuter ponctuellement cet ordre, Everard appela les domestiques, qui arrivèrent aussi en double force, et il leur demanda si les commissaires étaient couchés, ou s'il pouvait leur parler.

— Ils sont dans leur chambre, répondit l'un d'eux, mais je ne crois pas qu'ils soient encore couchés.

— Quoi! s'écria Everard; le colonel Desborough et maître Bletson sont-ils dans la même chambre?

— Leurs Honneurs l'ont désiré ainsi, dit le domestique, et deux de leurs secrétaires doivent veiller toute la nuit.

— C'est donc la mode de doubler les gardes dans toute la maison? dit Wildrake. Sur ma foi, si j'apercevais quelque gentille chambrière, je serais tenté de l'adopter.

— Silence, fou! dit Everard. — Et où sont le maire et maître Holdenough?

— Le maire est retourné à Woodstock à cheval, répondit le domestique, en croupe du soldat qui va chercher un renfort à Oxford; et le ministre s'est installé dans la chambre qu'occupait hier le colonel Desborough, comme étant le poste où il est le plus probable qu'il rencontrera le..... Votre Honneur me comprend?

— Que le ciel ait pitié de nous, nous sommes une maison cruellement tourmentée!

— Et où sont les gens du colonel Harrison? demanda Tomkins. Pourquoi ne viennent-ils pas pour le conduire à son appartement?

— Me voici, — me voici, — me voici, maître Tomkins, répondirent en même temps trois individus en s'avançant avec la consternation qui s'était emparée de tous les habitans de Woodstock.

— Eh bien! allons, dit Tomkins, conduisez Son Honneur; mais ne lui parlez pas. — Vous voyez qu'il n'est pas en humeur de jaser.

— Il est étrangement pâle, dit le colonel Everard; ses traits sont comme agités de convulsions, et (quoiqu'il n'eût fait que parler chemin faisant) il n'a pas ouvert la bouche depuis que nous sommes arrivés.

— C'est son ordinaire après de pareils accès, répondit Tomkins. — Zédéchias, Jonathan, donnez le bras à Son Honneur. — Je vous suivrai dans un instant. — Vous, Nicodème, attendez-moi. — Je n'aime pas à aller seul dans cette maison.

— Maître Tomkins, dit le colonel, je vous ai souvent entendu citer comme un homme subtil et intelligent. — Dites-moi, est-ce bien sérieusement que vous craignez de rencontrer quelques êtres surnaturels dans cette maison?

— Je ne voudrais pas en courir le risque, répondit Tomkins très-gravement. Il ne faut que jeter les yeux sur mon honorable maître pour voir quelle figure fait un vivant après avoir parlé à un mort.

A ces mots il se retira en le saluant avec respect, et Everard se rendit dans la chambre où les deux autres commissaires avaient résolu, pour s'enhardir mutuellement, de passer la nuit ensemble. Ils se disposaient à se coucher quand il entra dans l'appartement. Tous deux tressaillirent quand la porte s'ouvrit; tous deux se réjouirent en voyant que ce n'était que le colonel Everard.

— Écoutez-moi un instant, colonel, dit Bletson en le tirant à part. — Avez-vous jamais vu un âne comme ce Desborough? — Le drôle est fort comme un taureau et peureux comme un mouton. — Il a exigé absolument que je couchasse dans cette chambre pour le protéger. — Eh bien, passerons-nous une nuit joyeuse? Vous pouvez prendre le troisième lit qui avait été préparé pour Harrison; mais il est parti comme un écervelé pour aller chercher la vallée d'Armageddon dans le parc de Woodstock.

— Le général Harrison vient de rentrer avec moi, dit Everard.

— Mais, sur ma vie, il n'entrera pas dans notre appartement, s'écria Desborough, qui avait entendu ces derniers mots: un homme qui a soupé avec le diable, autant que je puis le croire, n'a pas le droit de venir se coucher au milieu de chrétiens.

— Il n'en a pas le dessein, répliqua Everard. Il paraît qu'il a un appartement séparé et qu'il l'occupe seul.

— Pas tout-à-fait seul, j'ose le dire, dit Desborough; car Harrison est une sorte de point d'attraction pour les lutins et les esprits qui voltigent autour de lui comme les papillons autour d'une chandelle. Mais toi, mon cher Everard, je t'en prie, reste avec nous. Je ne sais comment cela se fait; mais quoique tu n'aies pas toujours ta religion à la bouche, que tu ne fasses pas à ce sujet de belles phrases incompréhensibles, comme Harrison, et que tu ne débites pas de longs sermons comme un certain mien parent dont il est inutile de dire le nom, je me trouve plus en sûreté dans ta compagnie que dans la leur. Quant à ce Bletson, ce n'est qu'un blasphémateur, et je crains que le diable ne l'emporte avant la fin de la nuit.

— Avez-vous jamais entendu un si misérable poltron? demanda Bletson à part au colonel. Cependant restez avec nous, mon cher Everard. Je sais combien vous êtes zélé pour secourir les affligés, et vous voyez que Desborough est dans une situation à avoir besoin de plus d'un bon exemple pour se défaire de la peur des diables et des esprits.

— Je suis fâché de ne pouvoir vous obliger, messieurs; mais j'ai résolu de coucher dans la chambre de Victor Lee : ainsi je vous souhaite le bonsoir. Si vous voulez passer la nuit sans être troublés, je vous invite à employer le temps pendant lequel vous ne dormirez pas à vous recommander à celui pour qui la nuit n'a pas plus de ténèbres que le jour. J'avais dessein de vous parler ce soir du motif qui m'a amené ici; mais je remettrai cet entretien à demain, et je crois que je serai en état de vous donner d'excellentes raisons pour quitter Woodstock.

— Nous n'y sommes déjà restés que trop long-temps, s'écria Desborough. Quant à moi, je ne suis venu ici que pour servir l'état et dans la vue de quelque petit avantage pour moi-même sans contredit, à titre d'indemnité pour mes peines ; mais si l'on me met encore la tête en bas cette nuit comme la précédente, je n'y resterai pas plus long-temps, serait-ce pour gagner la couronne d'un roi, car mon cou ne serait plus en état d'en supporter le poids.

— Bonsoir, messieurs, répéta Everard.

Il allait sortir quand Bletson s'approcha de lui de nouveau, et lui dit à demi-voix : — Écoutez, colonel, vous connaissez mon amitié pour vous ; je vous conjure de laisser ouverte la porte de votre appartement, afin que, si quelque chose vient à vous inquiéter, je puisse vous entendre appeler et me rendre près de vous à l'instant même. N'y manquez pas, mon cher Everard, sans quoi mes craintes pour vous ne me permettront pas de fermer l'œil ; car je sais que, malgré votre excellent jugement, il vous reste quelques-unes de ces idées superstitieuses que nous suçons avec le lait de nos nourrices, et qui sont l'unique source des craintes qu'on peut concevoir dans une situation semblable à celle où nous nous trouvons. Laissez donc votre porte ouverte, afin que je puisse venir à votre secours en cas de besoin.

— Monsieur, dit Wildrake, mon maître met sa confiance d'abord en sa Bible, et ensuite en son épée. Il ne peut croire que coucher deux hommes dans une même chambre soit un charme qui puisse en écarter le diable, et il croit encore moins que tous les argumens des Nullifidiens (1) de la Rota puissent prouver que l'ennemi

---

(1) Nom qu'on donnait à ceux qui n'avaient aucune profession de foi particulière, *homines nullius fidei*. — Éd.

du genre humain n'a d'existence que dans l'imagination.

Everard saisit par le collet son imprudent ami, l'entraîna pendant qu'il parlait encore, et ne le lâcha que lorsqu'ils furent tous deux dans l'appartement de Victor Lee, où ils avaient déjà passé une nuit. — Il continua même à tenir Wildrake jusqu'à ce que le domestique qui portait les lumières les eût placées sur une table, et se fût retiré. Alors, lâchant prise, il lui dit avec reproche : — N'es-tu pas un homme bien sage et bien prudent? Faut-il que dans un temps comme celui-ci tu ne sembles occupé qu'à chercher toutes les occasions d'argumenter et de te faire quelque querelle ! Fi donc !

— Oui, fi de moi! répondit le Cavalier, oui, fi de moi! d'être une pauvre créature sans énergie et sans ame, qui se soumet à se laisser mener ainsi par un homme qui n'est ni mieux né ni mieux élevé que je ne le suis. — Je te dis, Markham, que tu abuses de l'avantage que tu as sur moi. — Pourquoi ne veux-tu pas que je te quitte, que je vive et que je meure à ma guise?

— Parce qu'il ne se passerait pas une semaine après notre séparation sans que j'apprisse que tu as été pendu comme un chien. — Parlons raison, mon cher Roger; quelle folie d'avoir attaqué Harrison, comme tu l'as fait, et de te mettre ensuite à argumenter sans nécessité avec Bletson !

— Nous sommes dans la maison du diable, à ce qu'il paraît; et partout où je loge en voyage j'aime à donner à l'hôte ce qui lui est dû. J'aurais été charmé de lui envoyer Harrison ou Bletson pour calmer son appétit, jusqu'à ce que Crom.....

— Chut! les murs ont des oreilles, s'écria Everard

en regardant autour de lui. Voilà de quoi boire pour ton coup du soir. — Tu sais où est ton lit, et tu vois qu'on m'en a apprêté un dans cette chambre. — Place ton épée à ta portée, car il faut que nous soyons aussi vigilans que si le vengeur du sang était derrière nous. — Nous ne serons séparés que par cette porte.

— Que je laisserai entr'ouverte en cas que tu aies besoin de secours, comme le disait ce Nullifidien. — Mais comment se fait-il que cet appartement soit en si bon ordre, mon cher patron?

— J'avais prévenu le secrétaire Tomkins du dessein que j'avais de passer la nuit ici.

— C'est un drôle bien étrange, et qui, autant que j'en puis juger, a pris la mesure du pied de chacun. — Tout semble lui passer par les mains.

— C'est, à ce que j'ai entendu dire, un de ces hommes que le temps où nous vivons à formés. — Il a le don de prêcher et d'expliquer, ce qui le met en grand crédit auprès des Indépendans, et il se rend utile aux gens plus modérés par son intelligence et son activité.

— Sa sincérité a-t-elle jamais été révoquée en doute?

— Jamais, que je sache. Au contraire, on l'appelle familièrement Joseph l'Honnête, et Tomkins le Fidèle. Quant à moi, je crois que sa sincérité marche toujours d'un pas égal à son intérêt. — Mais allons, bois ton coup du soir, et va te coucher. — Quoi! vidé d'un seul trait!

— Oui, morbleu! Mon vœu ne me permet que de boire un seul coup; mais ne crains rien, c'est un bonnet de nuit qui entretiendra une douce chaleur dans mon cerveau, sans le mettre en feu. — Ainsi, que ce soit homme ou diable, si quelque chose te trouble, appelle-moi, et je suis à toi dans un clin d'œil.

A ces mots le Cavalier entra dans sa chambre, et le colonel, se débarrassant seulement d'une partie de ses vêtemens, s'étendit sur un lit sans rideaux, et ne tarda pas à s'endormir.

Il fut éveillé par une musique lente et solennelle dont les sons semblaient s'éloigner peu à peu. Il tressaillit, et chercha ses armes, qu'il trouva près de lui, où il les avait placées. Rien ne l'empêchait de regarder autour de lui : mais le feu était couvert, et il lui était impossible de rien distinguer dans les ténèbres. Il sentit donc cette espèce de saisissement indéfinissable que fait éprouver la première idée d'un danger invisible et inconnu.

Quoiqu'il lui répugnât de croire aux apparitions surnaturelles, il n'était pas tout-à-fait incrédule sur ce point, comme nous l'avons déjà dit; et peut-être même dans le siècle actuel, où le scepticisme est plus à la mode, se trouve-t-il moins de gens qui vivent dans une incrédulité complète à cet égard qu'on n'en voit qui se vantent de la posséder. Ne sachant trop si les sons qu'il lui semblait encore entendre n'avaient pas été produits par un rêve, il ne voulut pas s'exposer aux railleries de son ami en l'appelant. Il se mit donc sur son séant. L'homme brave peut être ému par la crainte comme le poltron, avec cette différence que celui-ci en est accablé, tandis que l'autre s'arme de toute son énergie pour la repousser, comme le cèdre du Liban soulève, dit-on, ses branches pour les débarrasser de la neige que l'hiver a fait pleuvoir sur lui.

En dépit de lui-même, et quoiqu'il soupçonnât en secret qu'il existait quelques machinations dirigées contre les commissaires, l'histoire d'Harrison lui revint à l'esprit au milieu du silence et des ténèbres qui régnaient alors. Il se souvint qu'Harrison, en parlant de l'apparition, avait cité une circonstance différente de celle qu'il lui avait suggérée lui-même, — ce mouchoir sanglant que voyaient sans cesse ou ses yeux ou son imagination agitée! Était-il donc possible que la victime revînt se présenter à l'assassin qui l'avait forcée à quitter le théâtre de cette vie encore chargée du poids de tous ses péchés? Mais en ce cas pourquoi d'autres apparitions de la même nature ne seraient-elles pas permises pour avertir, — pour instruire, — pour punir? — Everard en concluait que, s'il fallait être crédule jusqu'à la folie pour admettre la vérité de toutes les histoires de ce genre, c'était une témérité d'imposer des bornes à la Toute-Puissance divine sur les œuvres de sa main. Le Créateur ne pourrait-il, dans des cas particuliers, affranchir la nature des lois auxquelles il l'a soumise?

Tandis que ces idées se présentaient rapidement à l'imagination d'Everard, il se laissait aller à une crainte secrète sans objet fixe : un péril visible et certain l'aurait armé de tout son courage; mais l'incertitude absolue de ce qu'il avait à redouter augmentait ses appréhensions. Il sentait un désir presque irrésistible de sauter à bas de son lit, et de ranimer le feu qu'il avait couvert, dans l'attente d'un étrange spectacle. Il fut même tenté d'éveiller Wildrake; mais la honte, plus forte que la crainte même, l'en empêcha. — Quoi! dirait-on, Markham Everard, regardé comme un des meilleurs soldats qui eussent tiré l'épée dans cette guerre fatale, — lui qui, si jeune encore, était revêtu d'un rang si distingué dans l'armée du parlement, — avait-il craint de rester seul dans sa chambre à minuit? Non, jamais!

Cette réflexion n'était pourtant pas un charme qui pût arrêter le cours de ses pensées. Les diverses traditions de la chambre de Victor Lee se retraçaient à son souvenir, et, quoiqu'il les eût souvent méprisées comme des bruits vagues, ridicules, sans authenticité, propagés de génération en génération par la crédulité superstitieuse, ce n'était pas un sujet de méditation propre à calmer l'irritation de ses nerfs. Quand ensuite il se rappelait les événemens qui lui étaient arrivés dans la soirée, la pointe d'une épée appuyée sur sa gorge, et le bras vigoureux qui lui ôtait l'usage des mains, ce souvenir dissipait toute idée de fantôme et de dangers imaginaires, mais le portait à croire qu'il se trouvait caché dans quelque coin du château un parti de Cavaliers, qui pouvait se montrer pendant la nuit pour s'en emparer, et assouvir sur les républicains et particulièrement sur Harrison, un des juges régicides, la vengeance dont étaient altérés les partisans de la victime royale.

Il chercha à se rassurer en songeant au nombre de soldats qui se trouvaient dans la Loge, et aux divers postes qu'on avait établis. Cependant il se reprochait de n'avoir pas pris des précautions encore plus sévères, et d'avoir gardé une promesse extorquée par la violence, qui exposait ses compagnons d'armes au danger d'être assassinés. Ces idées et le sentiment de ses devoirs militaires donnèrent un autre cours à ses réflexions. Il pensa que ce qu'il avait à faire de mieux en ce moment était de visiter les postes pour s'assurer si les sentinelles ne s'y étaient pas endormies, si elles exerçaient une vigilance convenable, et si elles étaient placées de manière à pouvoir se soutenir les unes les autres en cas d'alerte.

— Cela me conviendra mieux, pensa-t-il, que de rester ici à m'effrayer, comme un enfant, d'une légende de vieille femme, dont j'ai ri moi-même dans ma jeunesse. Qu'importe que Victor Lee se soit rendu, comme on le dit, coupable de sacrilège, — qu'il ait brassé de la bière dans les fonts baptismaux qu'il avait pris dans l'église d'Holyrood, lorsqu'elle fut brûlée ainsi que l'ancien palais; — qu'importe que son fils aîné soit tombé dans ce même vase rempli d'un liquide bouillant, et y ait trouvé la mort? Combien d'églises n'a-t-on pas démolies depuis ce temps? Combien de fonts baptismaux n'a-t-on pas profanés? Le nombre en est si grand que, si le ciel tirait vengeance de pareils actes par des signes surnaturels, il n'y aurait pas un seul coin en Angleterre, pas une église de village qui ne fût le théâtre de quelque apparition. — Ce sont des idées ridicules auxquelles ne doivent pas se livrer un instant ceux qui ont été élevés dans la croyance que la sainteté consiste dans les œuvres et les intentions, et non dans les bâtimens, les vases et les formes extérieures du culte.

Tandis qu'il appelait ainsi à son secours les articles de sa foi calviniste, la grande horloge du château (une horloge est rarement muette dans la relation de pareilles scènes) sonna trois heures, et l'on entendit en même temps la voix rauque des soldats retentir sous les voûtes et dans les corridors, tandis qu'ils s'interrogeaient les uns les autres, et qu'ils se répondaient par les mots d'usage : — Tout va bien! — Leurs voix se mêlaient avec le son de l'horloge; mais ils s'étaient tus avant que le troisième coup eût sonné. La vibration de l'air apporta encore aux oreilles d'Everard pendant quelques secondes les sons produits par l'airain, et dont l'intensité diminuait progressivement ; mais ils se prolongèrent, et le colonel fut un instant incertain si c'était un écho qui les répétait, ou si de nouveaux sons troublaient le silence du vieux château et des bois qui l'entouraient, depuis que l'horloge et les voix des sentinelles avaient cessé de se faire entendre.

Ses doutes furent bientôt éclaircis : le bruit d'une musique qui s'était mêlé aux derniers sons de la cloche de l'horloge, et qui avait paru d'abord en prolonger la durée, leur survécut en prenant un caractère plus distinct. Une mélodie grave se fit entendre dans le lointain, et parut s'avancer de chambre en chambre, de corridor en corridor, et parcourir toute l'ancienne résidence de tant de souverains. Cependant aucune sentinelle ne donnait l'alarme, et de tous les individus de tout rang qui passaient cette nuit en proie à la terreur et à l'inquiétude, il semblait que pas un ne fût averti de cette nouvelle cause d'appréhension, ou n'osât l'annoncer à un autre.

Everard, dont l'esprit était sur le qui vive, ne put garder plus long-temps le silence. Les sons approchaient tellement qu'il lui semblait qu'on célébrait dans un appartement voisin l'office solennel des morts. Il appela donc à haute voix son fidèle compagnon, son ami Wildrake, qui, comme on le sait, dormait dans une chambre donnant dans la sienne, et dont la porte était restée entr'ouverte.

— Wildrake ! — éveille-toi ! — debout, Wildrake ! — n'entends-tu pas l'alarme ?

Wildrake ne répondit pas, quoique le bruit de la

musique fût alors assez fort pour faire douter si les musiciens n'étaient pas dans la chambre même de Victor Lee, et qu'il eût suffi pour éveiller un homme endormi sans que personne eût besoin de l'appeler.

— Alerte! Wildrake, alerte! cria de nouveau Everard en se jetant hors de son lit, et en saisissant ses armes; répands l'alarme dans le château, et procure-toi de la lumière.

Il n'obtint encore aucune réponse. Cependant les sons de musique solennelle cessèrent à l'instant même où il finissait de parler, et la même voix douce et basse qui lui avait déjà parlé dans la galerie, et qui lui parut encore ressembler à celle d'Alice Lee, se fit entendre dans son appartement, et, à ce qu'il lui sembla, à peu de distance de lui.

— Votre compagnon ne vous répondra pas, dit la voix douce. Ceux dont la conscience est tranquille ne peuvent entendre l'alarme.

— Encore la même chose, dit Everard. Mais je suis mieux armé en ce moment que je ne l'étais il y a quelques heures; et, sans le son de cette voix, celui qui me parle aurait payé bien cher son audace.

Nous pouvons faire observer en passant qu'il est singulier que toutes les fois que le son de la voix humaine se faisait entendre distinctement à Everard, toute idée d'apparition surnaturelle s'évanouissait, et le charme qui subjuguait son imagination semblait rompu; tant il est vrai que l'influence qu'une terreur superstitieuse peut exercer sur un homme doué d'un jugement sain dépend du vague et de l'incertitude qui l'entourent, et qu'il ne faut que quelques sons distincts ou quelques idées précises pour ramener les idées dans le cercle ordinaire de la vie. La même voix répondit à Markham comme si elle eût compris ses pensées aussi bien qu'elle avait entendu ses paroles :

— Ne cherche pas à nous épouvanter en parlant de tes armes; nous les méprisons;—elles n'ont pas de pouvoir sur les gardiens de Woodstock. Fais feu si tu veux, et vois quel en sera le résultat. — Mais apprends auparavant que nous n'avons pas dessein de te nuire. — Tu es de la race des faucons, et ton caractère est noble, quoique tu aies été mal dressé, et que tu te sois associé avec des éperviers et des corbeaux. — Prends ton vol demain matin, car si tu restes avec les vautours, les hiboux et les chauve-souris qui croient pouvoir faire leur nid en ces lieux, tu partageras inévitablement leur sort. Pars donc, afin que ce château puisse être balayé, et préparé pour la réception de ceux qui ont le droit de l'habiter.

— Je vous avertis encore une fois, dit Everard d'une voix plus haute, et ne pensez pas me défier en vain. Je ne suis ni un enfant qu'on puisse effrayer par des contes d'esprits, ni un lâche qui, ayant des armes à la main, puisse avoir peur des brigands. Si je vous accorde un instant de répit, c'est par égard pour des amis bien chers et mal conseillés, qui peuvent être entrés pour quelque chose dans ce dangereux complot. Sachez que je puis faire entourer ce château par des soldats, y faire faire les recherches les plus exactes; et si elles sont infructueuses, il n'en coûtera que quelques barils de poudre pour faire de cette maison un amas de ruines, sous lequel seront ensevelis les auteurs de ce passe-temps malavisé.

— Vous parlez avec fierté, monsieur le colonel, dit

une voix plus forte, semblable à la seconde qu'il avait entendue dans la galerie; — faites l'épreuve de votre courage de ce côté.

— Vous ne me feriez pas deux fois un pareil défi, s'écria Everard, si la plus légère clarté me permettait d'ajuster.

A peine avait-il prononcé ces mots qu'une clarté subite et presque éblouissante lui montra une figure ressemblant à Victor Lee, tel qu'il était représenté sur le portrait, donnant une main à une dame complètement voilée de la tête aux pieds, et tenant de l'autre son bâton de commandement. Ces deux figures étaient animées, et paraissaient à environ six pieds de lui.

— Si la vue de cette femme ne me retenait, dit Everard, je ne souffrirais pas cette insulte.

— Ne craignez rien pour elle, et faites ce qu'il vous plaira, dit la seconde voix. — Je vous défie.

— Répétez ce défi quand j'aurai compté trois, s'écria Everard; et vous serez puni de votre insolence! — Un. — Mon pistolet est armé. — Deux. — Je n'ai jamais manqué mon coup. — Par tout ce qu'il y a de plus sacré, je fais feu si vous ne vous retirez pas à l'instant. — Quand j'aurai prononcé trois, vous êtes mort. — Je n'aime pas à répandre le sang; — je veux vous donner une chance de plus; je recommence. — Un. — Deux. — Trois!

Everard l'ajusta à la poitrine, et fit feu. La figure étendit le bras avec une attitude de dédain et un grand éclat de rire méprisant, pendant que la lumière qui éclairait ses traits s'affaiblissait et disparaissait graduellement.

Tout le sang d'Everard se glaça dans ses veines. — Si c'eût été un corps mortel, pensa-t-il, ma balle l'aurait percé, et je n'ai ni la volonté ni le pouvoir de combattre des êtres surnaturels.

L'oppression qui l'accablait était si forte qu'elle allait presque jusqu'à l'anéantissement de toutes ses facultés. Cependant il fit un effort pour gagner la cheminée à tâtons; il écarta les cendres accumulées, retrouva quelques charbons ardens, jeta par-dessus quelques restes de fagot qui étaient dans le foyer, et qui s'étant enflammés, produisirent assez de clarté pour lui permettre de voir toute la chambre. Il regarda autour de lui avec précaution, presque avec timidité, comme s'il eût craint que quelque horrible fantôme ne s'offrit à ses yeux. Mais il ne vit que les anciens meubles qu'il connaissait depuis long-temps, et qu'on avait laissés dans le même état où ils étaient lors du départ de sir Henry Lee.

Un désir irrésistible, mêlé pourtant de beaucoup de répugnance, le portait à jeter un coup d'œil sur le portrait de l'ancien chevalier auquel ressemblait tellement l'être qu'il venait de voir. Il hésita quelques instans entre ces deux sentimens opposés; mais enfin, avant que les broussailles qu'il avait jetées sur le feu fussent consumées, il ralluma sa bougie, et, la levant sur le portrait de Victor Lee, il le regarda avec une vive curiosité, qui n'était pas sans mélange de crainte. Les terreurs de sa crédule enfance faillirent renaître dans son esprit, et il lui sembla que l'œil sévère de l'ancien guerrier suivait les siens, et le menaçait de tout son déplaisir. Il ne lui fallut qu'un moment pour se désabuser; cependant il régnait encore en lui un mélange de sentimens confus qu'exprimèrent quelques mots qui semblaient adressés à cet ancien portrait.

— Ame d'un des ancêtres de ma mère, dit-il, que ce

soit dans de bonnes ou de mauvaises intentions, que ce soit par des conspirateurs rusés et audacieux ou par des êtres surnaturels, que la paix de ce château est troublée, je suis résolu à le quitter ce matin.

— Je me réjouis de tout mon cœur de l'apprendre, dit une voix qui se fit entendre à quelques pas derrière lui.

Le colonel se retourna, et vit un grand corps vêtu tout en blanc, ayant sur la tête une espèce de turban de même couleur. Laissant tomber sa lumière, il se précipita sur lui.

—Tu es du moins palpable, s'écria-t-il.

—Palpable! s'écria celui dont il serrait la gorge; morbleu! ne peux-tu t'en assurer sans chercher à m'étouffer? Si tu ne me lâches, je te prouverai que je suis en état de faire une partie de lutte.

—Roger Wildrake! s'écria Everard en cessant toute hostilité et en faisant un pas en arrière.

—Sans doute, Roger Wildrake, croyais-tu que ce fût Roger Bacon qui venait t'aider à conjurer le diable? car il sent diablement le soufre dans cette chambre.

— C'est le coup de pistolet que j'ai tiré. — Ne l'as-tu pas entendu?

— C'est ce qui m'a éveillé. — Le bonnet de nuit que j'ai pris avant de me coucher m'a fait dormir comme une marmotte. — Sur ma foi, je me sens encore la tête lourde.

—Et pourquoi n'es-tu pas venu plus tôt?—Jamais je n'ai eu un si grand besoin de secours.

— Je suis venu aussi vite que je l'ai pu; mais il m'a fallu quelques instans pour retrouver l'usage de mes sens, car je rêvais de cette maudite bataille de Naseby.

—Ensuite la porte de la chambre était fermée; — impossible de l'ouvrir! — C'est mon pied qui m'a servi de clef.

— Comment! elle était ouverte quand je me suis couché.

— Elle n'en était pas moins fermée quand je me suis levé; et je suis surpris que tu n'aies pas entendu le bruit que j'ai fait pour l'enfoncer.

— Mon esprit était occupé ailleurs.

— Eh bien! qu'est-il donc arrivé? Me voici sur pied et prêt à combattre, si je puis,—ha... a... a! cesser de bâiller.— La plus forte ale de la mère Redcap n'est rien auprès de celle que j'ai bue hier soir.—J'ai bu,—ha... a... a! — j'ai bu de l'élixir de drêche.

— Avec quelques grains d'opium, à ce que je suis tenté de croire.

—Très-possible, très-possible!—Il fallait un coup de pistolet pour m'éveiller, moi qui, avec un coup du soir ordinaire, ai le sommeil aussi léger qu'une jeune fille qui,—ha... a... a!—qui, le 1er de mai, attend le premier rayon du soleil pour aller recueillir la rosée.—Mais que vas-tu faire à présent?

— Rien.

— Rien?

— Rien.—Et j'ajoute, moins pour t'en instruire que pour en informer d'autres qui m'entendent peut-être, que je quitterai la Loge ce matin, et que je tâcherai d'en renvoyer les commissaires.

—Écoute, dit Wildrake, n'as-tu pas entendu un bruit éloigné, comme celui des applaudissemens dans une salle de spectacle?— Les esprits du château se réjouissent de ton départ.

— Je laisserai Woodstock, continua Everard, en la possession de mon oncle sir Henry Lee et de sa famille, s'il leur plaît d'y rentrer. Non que la frayeur me décide à céder aux artifices auxquels on a eu recours en cette occasion, mais uniquement parce que je n'avais pas d'autre intention en venant ici.—Cependant, ajouta-t-il en élevant la voix, j'avertis les auteurs et acteurs de ces scènes ridicules, que, quoiqu'elles puissent réussir avec un fou comme Desborough, un visionnaire comme Harrison, et un lâche comme Bletson.....

— Ou avec un homme modéré, sage et résolu comme le colonel Everard, dit une voix très-distincte qui semblait parler à côté d'eux.

— De par le ciel! cette voix sort du portrait, s'écria Wildrake en tirant son épée; je vais voir si son armure est de bonne trempe.

— Point de violence, dit Everard, qui ne put s'empêcher de tressaillir de cette interruption, et il reprit avec fermeté le fil de ce qu'il voulait dire.

— Que ceux qui m'entendent fassent attention que, quoique ce tissu d'astuce et de fourberie puisse réussir un instant, il ne peut manquer d'être découvert dès qu'on voudra l'approfondir, et qu'il occasionera la punition de ceux qui l'ont tramé, — la démolition totale de Woodstock—et la chute infaillible de la famille Lee. Qu'ils y songent bien, et qu'ils mettent fin à leurs jongleries pendant qu'il en est encore temps.

Il se tut, et il attendait presque une réponse; mais il n'en reçut aucune.

— C'est une chose fort étrange, dit Wildrake; mais mon esprit—ha... a... a!—ne peut la comprendre en ce moment.—Ma tête tourne comme une rôtie dans un verre de muscadine (1).—Il faut que je m'asseoie,—ha... a... a!—et que j'y réfléchisse à loisir.—Ha... a... a! —Bien obligé, bon fauteuil qui me reçois.

A ces mots il se jeta, ou plutôt se laissa tomber sur un grand fauteuil qui avait souvent soutenu le poids du corps de sir Henry Lee, et en un instant il fut profondément endormi.

Everard était loin d'éprouver la même disposition au sommeil ; cependant il se sentait soulagé de la crainte d'être troublé par quelque autre visite pendant le reste de la nuit ; car il regardait son traité pour l'évacuation de Woodstock comme connu et accepté par ceux que l'arrivée des commissaires avait portés à prendre des moyens si singuliers pour les en expulser. Il avait d'abord été tenté d'attribuer un caractère surnaturel à ce qu'il avait vu et entendu ; mais en ce moment son esprit suivait une marche plus raisonnable pour expliquer tout ce qu'il y avait de mystérieux dans un semblable complot, pour lequel le château de Woodstock offrait de grandes facilités.

Il remit du bois sur le feu, ralluma sa bougie, et, jetant un coup d'œil sur le pauvre Wildrake, il le plaça sur son fauteuil dans la situation la plus commode, le Cavalier se laissant faire comme un enfant au berceau. L'état dans lequel il se trouvait ne contribuait pas peu à convaincre Everard que tout ce qui s'était passé dans le château n'était qu'une suite de tours d'adresse, car les esprits n'ont pas besoin d'administrer des potions calmantes.

Enfin il se rejeta sur son lit ; et, tandis qu'il réfléchis-

(1) Vin épicé.—Éd.

sait à ces circonstances étranges, les sons d'une musique douce et mélodieuse frappèrent encore une fois son oreille, après quoi une voix douce prononça trois fois : — Bonsoir, — Bonsoir, — Bonsoir. A chaque répétition le son semblait s'éloigner, d'où il conclut qu'il y avait trève, sinon paix définitive entre les esprits et lui, et que son repos ne serait plus troublé cette nuit. Il eut pourtant à peine le courage de prononcer aussi les mots, — Bonsoir! car, malgré sa conviction que tout ce qui venait de se passer n'était qu'un tour de jonglerie, son émotion involontaire était comme celle qu'on éprouve pendant la représentation d'une tragédie bien jouée. Enfin le sommeil le surprit, et quand il s'éveilla il faisait grand jour.

CHAPITRE XVI.

> « De l'aurore déjà l'étoile avant-courrière,
> » En ramenant le jour, renvoie au cimetière
> » Ces esprits inquiets sortis de leurs tombeaux. »
>
> SHAKSPEARE. *Le Songe d'une nuit d'été.*

La fraîcheur de l'air et la naissance du jour dissipèrent toutes les impressions que les événemens de la nuit avaient produites sur l'esprit du colonel Everard. Il ne lui en resta que l'étonnement et une vive curiosité. Il examina donc toute la chambre avec grande attention, sonda tour à tour le plancher et les boiseries en les frappant avec sa main et avec une canne, mais ne put découvrir aucune secrète issue ; et la porte, assurée par deux verroux et un double tour, était encore comme il l'avait fermée la veille. Il réfléchit ensuite à l'apparition d'un être semblable à Victor Lee : il se souvenait d'avoir entendu raconter dans son enfance que cette figure, ou quelque forme qui lui ressemblait, se montrait souvent dans les corridors et dans les appartemens inhabités du château. Il se reprochait donc d'avoir presque ajouté foi à ces contes ridicules.

— Certainement, dit-il, cet accès de folie puérile n'a pu me faire manquer mon coup; il faut qu'on ait trouvé le moyen de retirer secrètement les balles de mes pistolets.

Il examina celui qu'il n'avait pas déchargé, et la balle y était encore. Il fit une nouvelle inspection de toute la chambre, et il trouva une balle enfoncée dans la boiserie, en ligne directe du point d'où il avait fait feu, et de celui où il avait vu l'apparition. Il ne pouvait donc douter qu'il n'eût tiré juste, car la balle ne pouvait être arrivée à l'endroit où il la voyait qu'en traversant un corps ou une ombre. C'était une circonstance inexplicable qui semblait prouver que la magie noire était de la partie.

Son attention se dirigea ensuite sur le portrait de Victor Lee. Il se plaça en face, l'examina avec soin, et en compara les couleurs affaiblies, la fierté d'un œil immobile, et la pâleur mortelle de toute la figure, avec l'aspect tout différent qu'il lui avait présenté la nuit précédente à l'aide de la clarté soudaine qui l'avait illuminé. Ses traits lui avaient paru alors avoir un coloris plus vif, et la flamme, en s'éteignant et en se rallumant successivement dans la cheminée, donnait à la tête et aux membres une apparence de mouvement. Vu à la clarté du jour, ce n'était plus qu'un portrait médiocre de la vieille école de Holbein.

Ne voulant rien négliger pour pénétrer le mystère, Everard monta sur une chaise qu'il plaça sur une table près de la cheminée, examina le portrait de plus près, et chercha à trouver quelque ressort qui découvrît une issue cachée par ce tableau; ce qui se pratiquait souvent dans les anciens châteaux, où l'on ménageait des moyens de communication secrète connus du maître seul ou de ses confidens. Mais le grand panneau sur lequel Victor Lee était peint, était solidement joint au reste de la boiserie dont il faisait partie.

Enfin il éveilla son fidèle écuyer Wildrake, qui, malgré la bonne part du sommeil qu'il avait eue, se ressentait encore un peu des effets du coup du soir qu'il avait pris avant de se coucher. C'était à son avis, disait-il, la récompense de sa tempérance; car, quoiqu'il n'eût bu qu'un seul coup, il avait dormi plus longtemps et d'un sommeil plus profond qu'il ne l'avait jamais fait quand il se mettait sur la conscience tous les péchés des *après-soupers* (1), et qu'il se permettait encore ensuite des libations additionnelles.

— Si ta tempérance se fût exercée sur une double dose, Wildrake, dit Everard, je crois que tu aurais dormi si profondément que le son de la dernière trompette aurait pu seul t'éveiller.

— En ce cas, dit Markham, je me serais éveillé avec un fier mal de tête; car je vois que ma modération ne m'en a pas mis tout-à-fait à l'abri. — Mais allons, sachons

(1) Les *après-soupers* (*rere supers, arrière-soupers*) étaient un luxe de débauche introduit dans le temps joyeux de l'extravagance du roi Jacques, et continuèrent pendant le règne suivant. On soupait alors de bonne heure, à six ou sept heures au plus tard. *L'après-souper* était un dernier repas, un *hors-d'œuvre* qu'on servait à dix ou à onze, et un prétexte pour rester à table jusqu'à minuit. — (L'AUTEUR.)

comment les autres ont passé une nuit qui a produit pour nous des aventures si étranges. Je présume qu'ils sont tous très-disposés à évacuer Woodstock, à moins qu'ils n'aient reposé plus tranquillement que nous, et que le hasard ne les ait plus favorisés dans le choix de leur chambre à coucher.

— Alors je te dépêcherai à la chaumière de Jocelin pour négocier la rentrée de sir Henry Lee et de sa famille dans leur ancienne demeure, et je crois que, mon crédit près du général se joignant à la réputation suspecte de ce château, il n'est guère probable qu'ils soient troublés par les commissaires actuels ou par d'autres.

— Mais comment se défendront-ils contre les esprits, mon brave colonel? — Sur ma foi, si je prenais intérêt à une aussi jolie fille que la cousine dont tu peux te vanter, je ne me soucierais pas de l'exposer aux terreurs qu'entraîne un séjour à Woodstock, où ces diables, — je leur demande pardon, car je suppose qu'ils nous entendent, — où ces farfadets mènent une vie si joyeuse depuis le soir jusqu'au matin.

— Je crois, comme toi, mon cher Wildrake, qu'il est très-possible que notre conversation soit entendue; mais je m'en inquiète fort peu, et je n'en dirai pas moins ce que je pense. Je me flatte que sir Henry et Alice ne sont entrés pour rien dans tout ce qui se passe ici; car je ne puis concilier de telles scènes avec la noble fierté de l'un, la douce modestie de l'autre, et le bon sens de tous deux. Nul motif n'aurait pu les engager à ces procédés si étranges. Quant aux diables dont tu parles, Wildrake, ils sont de ton parti, de vrais Cavaliers, et quoique je sois convaincu que sir Henry Lee et Alice n'ont aucune liaison avec eux, je crois tout aussi fermement qu'ils n'ont pas la moindre chose à craindre de leurs manœuvres surnaturelles. D'ailleurs, sir Henry et Jocelin doivent connaître les endroits les plus secrets de ce château, et il serait plus difficile de jouer le rôle d'esprit en leur présence que devant des étrangers. — Mais habillons-nous, et ensuite nous verrons ce que nous aurons à faire.

— Ce maudit habit de puritain que je porte, dit Wildrake, mérite à peine un coup de brosse; quant à l'épée dont tu m'as gratifié, et dont la poignée de fer rouillé pèse au moins une centaine de livres, elle me fait ressembler à un quaker qui a fait banqueroute, plutôt qu'à toute autre chose. — Mais je me charge de ta toilette, et je vais te rendre aussi élégant que le fut jamais un hypocrite coquin de ton parti.

Et en même temps il se mit à fredonner l'air si connu parmi les Cavaliers :

> Si pour un temps nous voyons Whitehall (1)
> Tout tapissé de toiles d'araignée,
> Nous y ferons encor plus d'un régal
> Quand du retour du roi nous verrons la journée.

— Tu oublies ceux qui sont en dehors, dit le colonel Everard.

— Non, je pense à ceux qui sont en dedans; je ne chante que pour nos braves esprits, et ils ne m'en aimeront que mieux pour cela. — Va, va, ces diables sont mes bons amis, et quand je les verrai, je pense qu'ils se trouveront aussi braves garçons que j'en ai

(1) Palais des Stuarts à Londres, et devant lequel Charles Ier subit son martyre. — Éd.

connu quand je servais sous Lumford et Goring. — Des drôles armés de longs ongles, auxquels rien n'échappait; — des estomacs sans fond que rien ne pouvait remplir; à demi fous à force de piller, de jurer, de chanter, de boire et de se battre; — couchant dans la tranchée, et mourant bravement dans leurs bottes. — Ah! ce bon temps est passé. C'est la mode aujourd'hui parmi les Cavaliers d'avoir la figure grave, — surtout les ministres qui ont perdu leurs dîmes. Mais quant à moi, j'étais alors dans mon élément; je n'ai jamais désiré et ne désirerai jamais un temps plus heureux que celui que j'ai passé pendant cette rébellion barbare, sanguinaire et dénaturée.

— Tu as toujours été un oiseau de mer sauvage, comme ton nom l'indique(1), Wildrake; préférant l'ouragan au calme, les vagues de l'Océan agité à la surface tranquille du lac, une lutte contre le vent et toutes difficultés au pain quotidien, à l'aisance et au repos.

— Au diable ton lac tranquille! je crois déjà voir une vieille femme me jeter les restes des grains qui ont servi aux brasseurs, et le pauvre canard obligé d'accourir en se dandinant dès qu'il l'entend siffler. — Oui, Everard, j'aime à sentir le vent battre contre mes ailes, — tantôt plongeant, tantôt sur le sommet d'une vague;— tantôt au fond de l'Océan, tantôt au milieu des airs. — Telle est la vie joyeuse du canard sauvage, mon grave colonel, et c'est ce qui nous est arrivé pendant la guerre civile. — Chassés d'un comté, nous reparaissions dans un autre; — vaincus aujourd'hui nous étions victorieux

---

(1) *Wild drake* signifie canard sauvage mâle. La signification la plus naturelle serait pourtant *débauché, déréglé,* wild-rake.—Éd.

demain; — tantôt mourant de faim chez quelque pauvre diable de royaliste, tantôt nous engraissant aux dépens d'un riche presbytérien, dont le garde-manger, la cave, la vaisselle d'argent, les bijoux, et même la jolie servante, étaient à notre disposition.

— Doucement, Wildrake, doucement; souviens-toi que je suis un des membres de cette communauté.

— Et tant pis, morbleu! tant pis! mais, comme tu le dis, il est inutile d'en parler. Descendons et allons voir comment ton pasteur presbytérien, M. Holdenough, a passé la nuit, et s'il a combattu le malin esprit avec plus de succès que toi, son disciple et son ouaille.

Ils sortirent de l'appartement, et ils furent sur-le-champ accablés des rapports différens des sentinelles et des domestiques, qui tous avaient vu ou entendu quelque chose d'extraordinaire pendant le cours de la nuit. Il est inutile d'entrer dans le détail de ces rapports, d'autant plus qu'on regarde, en pareil cas, comme une espèce de honte, d'avoir vu ou souffert moins que les autres.

Les plus modérés de ces narrateurs se bornaient à parler de sons semblables au miaulement d'un chat, au hurlement d'un chien, et surtout au grognement d'un cochon. Il en était qui avaient entendu enfoncer des clous, scier du bois, et traîner des fers, ou dont les oreilles avaient été frappées par le bruit d'une robe de soie, par celui de divers instrumens de musique, en un mot par une multitude de dissonances. Les uns juraient qu'ils avaient senti des odeurs de différentes sortes, notamment celle du bitume, parfum diabolique sans contredit; les autres ne juraient pas, mais attestaient qu'ils avaient vu des hommes armés de pied en cap, des chevaux sans tête, des ânes avec des cornes, et des vaches à six pieds, pour ne rien dire de grandes figures noires dont les pieds fourchus annonçaient suffisamment à quel royaume elles appartenaient.

Mais toutes ces visions nocturnes s'étaient présentées si généralement qu'il était impossible qu'un poste portât du secours à l'autre, et les soldats, enfermés dans le corps-de-garde, se bornaient à y trembler de frayeur sans oser se hasarder à en sortir pour aller au secours de ceux de leurs camarades qui répandaient l'alarme, de sorte qu'un ennemi bien déterminé aurait pu venir à bout de toute la garnison.

Cependant, au milieu de cette alerte générale, nul acte de violence ne paraissait avoir été exercé, et les esprits semblaient avoir eu dessein de s'amuser plutôt que d'en venir à des voies de fait. On ne citait qu'une seule exception : un pauvre diable de soldat, qui avait suivi Harrison dans la moitié de ses campagnes, et qui était en faction dans le vestibule où le colonel Everard avait donné ordre qu'on plaçât une sentinelle, ayant présenté sa carabine à quelque chose qu'il vit avancer vers lui, on la lui avait arrachée des mains, et on l'avait renversé d'un coup de crosse. Sa tête fêlée, et Desborough inondé dans son lit, où l'on avait jeté un seau d'eau sale pendant qu'il dormait, furent les seules preuves palpables qu'on pût montrer des troubles de la nuit.

Le rapport fait par le grave maître Tomkins de ce qui avait eu lieu dans l'appartement d'Harrison fut que véritablement le major-général avait passé la nuit sans être troublé, quoiqu'il fût dans une espèce de torpeur et qu'il eût étendu les bras avant de s'endormir, d'où

Everard conclut que les lutins avaient jugé qu'Harrison avait suffisamment payé sa part de l'écot la soirée précédente.

Il se rendit alors dans l'appartement dont la double garnison se composait du spirituel Desborough et du vaillant philosophe Bletson. Tous deux étaient levés, et s'occupaient à s'habiller, le premier bâillant encore d'étonnement et de frayeur. Dès qu'Everard fut entré, le colonel, à peine bien séché, se plaignit amèrement de la manière dont il avait passé la nuit, et murmura, sans se gêner, contre son redoutable parent, qui lui avait imposé une tâche si pénible.

—Son Excellence mon parent Noll, dit-il, ne pouvait-il jeter dans la bouche de son pauvre beau-frère quelque autre gâteau que cet infernal Woodstock, qui semble sorti du four de Satan? — Je ne puis manger la soupe avec le diable, — non sur ma foi, — ma cuiller n'est pas assez longue. — Ne pouvait-il m'installer dans quelque coin paisible, et donner ce château hanté par le diable à quelques-uns de ses prédicateurs-soldats, qui connaissent la Bible aussi bien que l'exercice? Quant à moi, je connais les quatre pieds d'un bon cheval, et les marques distinctives d'un attelage de bœufs, mieux que tous les livres de Moïse. — Mais j'y renoncerai; j'y renoncerai une bonne fois et pour toujours. L'espoir d'un gain terrestre ne me fera jamais courir le risque d'être emporté par le diable, sans compter celui d'être mis la tête en bas une nuit, noyé dans mon lit la suivante. — Non, non; je suis trop prudent pour cela.

Bletson avait un autre rôle à jouer. Il n'avait, dit-il, aucun motif pour se plaindre; jamais, au contraire, il n'aurait mieux dormi de sa vie sans le tapage abominable qu'avaient fait tout autour de lui les sentinelles criant aux armes toutes les demi-heures, si par malheur elles entendaient un chat trotter près de leurs postes. — Il aurait préféré se coucher au milieu d'un sabbat de sorcières, s'il existait des sorcières et un sabbat.

— Ainsi donc vous ne croyez pas aux apparitions, maître Bletson? dit Everard. J'étais aussi un peu sceptique à ce sujet; mais, sur ma vie, il s'est passé cette nuit des choses bien étranges.

— Songes, mon bon colonel; rien que des songes, répondit Bletson, quoique la pâleur de son visage et le tremblement de tous ses membres donnassent un démenti au courage affecté avec lequel il parlait. Le vieux Chaucer, monsieur, nous a dévoilé la véritable cause des songes. Il fréquentait souvent la forêt de Woodstock, et là.....

— *Chasser* (1) ! dit Desborough; quelque chasseur sans doute, à en juger par le nom. — Son esprit revient-il comme celui d'Hearne à Windsor (2)?

— Chaucer, mon cher Desborough, répondit Bletson, est, comme le sait le colonel Everard, un de ces hommes étonnans qui vivent plusieurs siècles après avoir été enterrés, et dont les paroles se font encore entendre à nos oreilles quand leurs ossemens sont réduits en poussière.

— Oui, oui, fort bien, dit Desborough; quelque sorcier, j'en réponds. — Quant à moi, je désire son

---

(1) Faible jeu de mots sur *Chaucer*, qu'on prononce à peu près comme *chasser*. — Éd.

(2) Le fantôme du chasseur Hearne est celui dont on persuada à Falstaff de prendre le masque et le costume dans une des mystifications de la comédie de Shakspeare intitulée *les Joyeuses femmes de Windsor*. — Éd.

absence plutôt que sa compagnie. — Mais que dit-il à ce sujet?

— Quelques lignes que je prendrai la liberté de répéter au colonel Everard, répondit Bletson, mais qui seraient du grec pour toi, Desborough. — Le vieux Geoffrey Chaucer rejette la cause de toutes nos visions nocturnes sur la surabondance des humeurs.

> Et de là vient qu'on croit voir dans ses songes
> Des visions, véritables mensonges.
> L'un voit voler des flèches et des dards,
> Le feu sur lui tombe de toutes parts;
> Un autre, en proie à la mélancolie,
> Tout en dormant, pleure, gémit et crie,
> Croit voir des ours qu'il ne peut éviter,
> Ou Lucifer venant pour l'emporter.

Tandis qu'il déclamait ces vers, Everard remarqua un livre qui se montrait en partie sous l'oreiller du lit que l'honorable membre de la chambre des communes avait récemment occupé.

— Est-ce Chaucer? demanda-t-il en s'avançant pour le prendre; je voudrais lire le passage tout entier.

— Chaucer! répéta Bletson à la hâte en cherchant à lui couper le chemin; non, — c'est Lucrèce, — mon favori Lucrèce. — Mais je ne puis vous le laisser voir; — j'y ai fait des notes pour mon usage particulier.

Mais pendant qu'il parlait, Everard avait déjà le livre en main.

— Lucrèce! dit-il; non, maître Bletson, ce n'est pas Lucrèce; — c'est un compagnon beaucoup plus convenable en temps de crainte ou de danger. — Pourquoi en rougiriez-vous? — Je vous dirai seulement, Bletson, que, si, au lieu d'y reposer votre tête, vous pouviez le graver dans votre cœur, il vous serait beaucoup plus utile que Lucrèce et même que Chaucer.

— Quel livre est-ce donc? dit Bletson en le regardant à son tour, et rouge de honte d'être pris sur le fait.— Oh! la Bible! — et, rejetant le volume sacré sur le lit avec un air de mépris, il ajouta : — Ce livre sort sans doute de la bibliothèque de mon camarade Gibéon. — Ces juifs ont toujours été superstitieux ; — vous savez que Juvénal dit :

Qualiacumque voles Judæi somnia vendunt (1).

Il m'a laissé ce bouquin comme un talisman, j'en réponds ; car, tout sot qu'il est, il a de bonnes intentions.

— Je doute que la Bible d'un juif contînt le nouveau Testament, dit Everard en souriant. — Mais croyez-moi, Bletson, ne rougissez pas de la chose la plus sage que vous ayez faite dans toute votre vie, en supposant que, dans un moment de peur, vous ayez pris votre Bible dans le dessein de profiter de ce qu'elle contient.

L'amour-propre de Bletson fut si cruellement blessé, qu'il l'emporta sur sa lâcheté habituelle. Il rougit jusqu'au blanc des yeux, ses petits doigts maigres tremblèrent, et sa voix devint aussi agitée que s'il n'eût pas été philosophe.

— Maître Everard, dit-il, vous êtes un homme d'épée, monsieur; et vous semblez vous supposer le droit d'insulter un homme de robe. Mais je vous prie de vous rappeler, monsieur, qu'il est des bornes au-delà desquelles la patience humaine ne peut atteindre, monsieur, — des plaisanteries qu'un homme d'honneur ne

(1) Les Juifs vous vendent tous les songes que vous voulez.—Éd.

peut endurer, monsieur. — J'attends donc de vous des excuses, colonel Everard, des excuses pour le langage que vous venez de tenir, monsieur; — pour cette raillerie malavisée, monsieur, — ou sans cela vous pourrez entendre parler de moi d'une manière qui ne vous plaira pas.

Everard ne put s'empêcher de sourire de cette explosion de valeur, occasionée par l'amour-propre humilié.

— Écoutez, maître Bletson, répondit-il; il est vrai que je suis un soldat; mais je n'ai jamais aimé le sang; et, comme chrétien, je serais fâché de contribuer à peupler le royaume des ténèbres en y envoyant un nouvel habitant avant que son temps soit arrivé. Si le ciel vous accorde le loisir de vous repentir, je ne voudrais pas que ma main vous en privât, et si nous avions une affaire ensemble, ce serait faire dépendre votre destinée éternelle de la pointe d'une épée ou d'une balle de pistolet. — Je préfère donc vous faire des excuses, et je somme Desborough, s'il a recouvré l'usage de ses sens, de rendre témoignage que je vous fais mes excuses de vous avoir soupçonné, vous qui êtes complètemet l'esclave de votre amour-propre, d'avoir la plus légère tendance à la *grace* et au *bon sens*. — Je vous fais même mes excuses d'avoir perdu mon temps en cherchant à blanchir la tête d'un nègre, ou à recommander à un athée renforcé de faire un raisonnement rationnel.

Bletson fut enchanté de la tournure que l'affaire avait prise, car à peine avait-il lâché le défi qu'il commençait à en redouter les suites. Il s'empressa donc de répondre avec un air de sérénité: — Pas un mot de plus, mon cher colonel; des excuses sont tout ce qu'il faut entre hommes d'honneur; — elles ne laissent aucune tache sur celui qui les accepte, et ne dégradent nullement celui qui les fait.

— Je me flatte du moins que celles que j'ai faites n'ont rien de dégradant, dit Everard.

— Certainement non, absolument rien. — Mais je puis m'en contenter telles qu'elles sont; Desborough rendra témoignage que vous m'en avez fait, et c'est tout ce qu'il y a à dire sur ce sujet.

— J'espère que vous et maître Desborough vous prendrez garde à ce que vous pourrez dire sur cet objet. — Si vous en parlez, je dois vous recommander à tous deux de ne pas dénaturer mes expressions.

— Eh bien! eh bien, nous n'en parlerons pas; que tout soit oublié à compter de ce moment. — Seulement, mon cher colonel, ne me supposez jamais susceptible d'une faiblesse superstitieuse. — Si j'avais craint un danger visible et réel, cette crainte est naturelle à l'homme, et je ne prétends pas y être plus inaccessible que les autres. Mais être regardé comme capable de recourir à des charmes, de placer des livres sous son oreiller pour se mettre à l'abri des attaques des esprits, sur ma parole, c'en est assez pour se faire une querelle avec son meilleur ami. — Et maintenant, colonel, qu'allons-nous faire? Comment allons-nous nous acquitter de nos devoirs dans ce maudit château? sur ma foi, si l'on me régalait dans mon lit d'un déluge tel que celui que Desborough vient d'essuyer, je mourrais d'un catarrhe; et cependant vous voyez qu'il n'en souffre pas plus qu'un cheval de poste sur le corps duquel on aurait jeté un seau d'eau. — Je présume que vous nous êtes adjoint. — Quel est votre avis sur la marche que nous devons suivre?

— Voici Harrison qui arrive fort à propos, répondit Everard; je profiterai de notre réunion pour vous justifier des ordres que j'ai reçus du lord général. Comme vous le voyez, colonel Desborough, il ordonne à la commission de cesser ses fonctions, et lui annonce que son bon plaisir est qu'elle évacue la Loge de Woodstock.

Desborough prit l'ordre, et examina la signature.

— Oui, oui, dit-il, c'est bien la signature de Noll.

— Si ce n'est que, depuis quelque temps, il fait de son Olivier un géant, que son Cromwell suit comme un nain, comme si ce dernier nom devait disparaître tout-à-fait un de ces jours. Mais Son Excellence mon beau-frère Noll Cromwell, — puisqu'il porte encore ce nom, — est-il assez déraisonnable pour croire que ses parens et ses amis doivent être mis une nuit la tête en bas de manière à gagner un torticolis, — noyés dans leur lit une autre, comme s'ils avaient été plongés dans un abreuvoir, — effrayés nuit et jour par des sorcières, des esprits et des diables, sans avoir un seul shilling de consolation? Morbleu! — que le ciel me pardonne de jurer! — si les choses sont ainsi, j'aime mieux retourner dans ma ferme, et m'occuper de mes charrues et de mes bœufs que de perdre mon temps à sa suite, quoique j'aie épousé sa sœur. — Elle était assez pauvre quand je l'ai prise pour femme, quoique Noll porte la tête bien haute à présent.

— Mon dessein, dit Bletson, n'est pas de donner lieu à un débat dans cette honorable assemblée. Personne ne peut douter de ma vénération et de mon attachement pour le noble général que le cours des événemens, sa valeur et sa fermeté sans égales, ont placé à une telle élévation dans ces temps déplorables. —

Si je le nommais une émanation directe et immédiate de l'*animus mundi*, quelque chose que la nature est fière d'avoir produit, en cherchant, suivant son usage, à assurer la conservation des créatures auxquelles elle donne l'existence, — j'exprimerais à peine l'idée que j'ai conçue de lui. — Mais je proteste qu'on aurait tort de croire que j'admets la possibilité de l'existence de cette émanation ou *exhalaison* de l'*animus mundi*, dont je viens de parler uniquement par forme de concession. J'en appelle à vous, colonel Desborough, qui êtes parent de Son Excellence ; — à vous colonel Everard, à qui est dû le titre encore plus cher de son ami, — fais-je trop valoir le zèle que j'ai montré pour le général ?

Il fit une pause dans son discours ; Everard répondit par une inclination de tête ; mais Desborough crut devoir exprimer plus complètement son approbation.

— J'en puis rendre témoignage, dit-il ; je vous ai vu disposé à attacher les aiguillettes de son pourpoint, à donner un coup de brosse à son habit, et à lui rendre une infinité de services semblables. — Et vous voir traiter avec cette ingratitude ! — vous voir retirer de la bouche le pain qui vous a été donné, quand vous n'avez plus qu'à...

— Ce n'est pas ce dont il s'agit, dit Bletson en faisant un geste de la main avec grace ; vous ne me rendez pas justice, maître Desborough, vous ne me la rendez pas, monsieur, — quoique je sache que vos intentions sont bonnes. — Non, monsieur, non ; nulle considération d'intérêt privé ne m'a déterminé à accepter cette mission. J'en ai été chargé par le parlement d'Angleterre, au nom duquel cette guerre a été commencée, et par les membres du conseil d'état, conservateurs de la liberté anglaise. Qui m'a mis les armes à la main, si ce n'est notre confiance commune et l'espoir que nous pourrions, vous, digne général Harrison, et moi qui suis supérieur à toutes considérations intéressées, — comme je suis sûr que vous le seriez aussi, colonel Everard, si vous aviez été adjoint à cette commission, et plût au ciel ! — qui nous a mis, dis-je, les armes à la main, si ce n'est l'espoir que je pourrais servir ma patrie, à l'aide de mes respectables collègues, individuellement et généralement parlant? — et avec votre coopération, colonel Everard, si vous aviez été de ce nombre. — Oui, c'est cet espoir qui m'a porté à saisir cette occasion de rendre, avec votre assistance, un service si important à notre mère chérie, la république d'Angleterre. Et maintenant voici un ordre du lord général pour nous retirer les pouvoirs dont nous avons été investis ! — Messieurs, — avec tout le respect dû à Son Excellence, — je demande à cette honorable assemblée si l'autorité du général est supérieure à celle de laquelle il tient lui-même sa commission ? Personne ne soutiendra l'affirmative. Je demande s'il est assis sur le siège d'où nous avons renversé le feu roi; s'il a un grand sceau; s'il est en possession de quelque prérogative pour agir ainsi ? je ne vois aucune raison pour le croire, et par conséquent je dois résister à une telle doctrine. C'est à vous à me juger, mes braves et honorables collègues; mais dans mon humble opinion je me trouve dans la malheureuse nécessité de penser que nous devons continuer nos opérations comme si nulle interruption n'y eût été apportée, sauf un léger changement que je propose, et qui est que l'assemblée des commissaires au séquestre ait lieu, comme de coutume, dans la Loge de Woodstock, pendant le jour, mais qu'elle s'ajourne, au coucher du soleil, à l'auberge de George dans la ville voisine, par égard pour les esprits faibles qui peuvent être susceptibles d'une terreur superstitieuse, comme aussi pour mettre nos personnes à l'abri des entreprises des malveillans, qui, j'en suis convaincu, ne restent pas les bras croisés dans ces environs.

— Mon cher maître Bletson, dit le colonel Everard, ce n'est pas à moi à vous répondre ; mais vous pouvez savoir de quelle manière l'armée anglaise et son général savent faire valoir leur autorité. Je crains que le commentaire sur cet ordre ne soit fait par une compagnie de cavalerie qui viendra d'Oxford pour le faire exécuter. Je crois qu'il y a des instructions à ce sujet, et vous savez par expérience que le soldat obéira à son général aussi-bien contre le parlement que contre le roi.

— Cette obéissance est conditionnelle, s'écria Harrison en se levant avec fierté. Ne sais-tu pas, Markham Everard, que j'ai suivi l'homme nommé Cromwell d'aussi près que le bouledogue suit son maître ? — et je le suivrai encore ; — mais je ne suis pas un épagneul qui se laisse battre, et qui souffre qu'on lui arrache la nourriture qu'il a bien gagnée ; je ne suis pas un vil roquet qui n'a d'autres gages que les étrivières et la permission de conserver sa peau. — Je voyais qu'entre nous trois nous pouvions honnêtement, pieusement, et avec utilité pour la république, nous faire de trois à cinq mille livres dans cette besogne. Et Cromwell s'imagine-t-il qu'un mot suffira pour m'en faire abandonner ma part ? — Personne ne fait la guerre à ses dépens, et celui qui sert l'autel doit vivre de l'autel. Il faut que les saints aient les moyens de se procurer de bons harnois et des chevaux frais, pour s'opposer aux profanes et aux impies. Cromwell me regarde-t-il comme un tigre assez apprivoisé pour se laisser arracher la misérable pâture qu'on lui a jetée ? — Bien certainement je résisterai ; et les soldats qui sont ici, étant pour la plupart de mon régiment, — des hommes qui attendent et qui espèrent, — dont les lampes brûlent, qui se sont ceint les reins, — qui ont l'acier battant contre leur cuisse, — ils m'aideront à défendre cette maison contre toute attaque ; — oui, et contre Cromwell lui-même jusqu'au dernier avénement. — Sélah ! Sélah !

— Et moi, dit Desborough, j'irai lever des troupes pour protéger vos avant-postes ; car je ne me soucie pas de m'enfermer ici, pour faire partie de la garnison.

— Et moi, dit Bletson, je retournerai à Londres, j'irai prendre ma place dans le parlement, et je lui rendrai compte de cette affaire.

Everard fut peu effrayé de toutes ces menaces. La seule qu'il eût à craindre était celle d'Harrison, dont l'enthousiasme, joint à son courage, à son obstination, et au crédit dont il jouissait parmi les fanatiques, pouvait en faire un ennemi dangereux. Avant de recourir aux argumens pour tâcher de faire impression sur l'esprit réfractaire du major-général, Everard essaya de le rappeler à la modération en disant quelques mots des troubles nocturnes qui avaient lieu dans le château.

— Ne me parle pas de troubles surnaturels, jeune homme, dit Harrison ; ne me parle pas d'ennemis corporels ou incorporels. Ne suis-je pas le champion élu pour combattre et pour vaincre le grand dragon et la bête qui sortira de la mer ? Ne dois-je pas commander l'aile gauche et deux régimens du centre lorsque les saints combattront les légions innombrables de Gog et de Magog ? Je te dis que mon nom est écrit sur la mer de cristal mêlée de feu, et que je tiendrai bon dans cette Loge de Woodstock, dans le parc, dans la forêt, dans les champs et dans les appartemens, contre tous les diables, jusqu'à ce que les saints règnent dans toute la plénitude de leur gloire.

Everard vit qu'il était temps de faire usage de quelques lignes qu'il avait reçues de Cromwell depuis la dépêche que lui avait apportée Wildrake. Ce document était propre à apaiser le mécontentement des commissaires. Le général y alléguait pour principal motif de la dissolution de la commission de Woodstock le projet qu'il avait de proposer au parlement de charger le général Harrison, le colonel Desborough et maître Bletson, honorable représentant du bourg de Littlefaith, d'une affaire bien plus importante, qui n'était rien moins que le séquestre et la disposition du palais, de la forêt et de toutes les propriétés royales de Windsor. Dès que cette nouvelle idée leur fut présentée, les trois collègues dressèrent les oreilles, et leur air consterné, sombre et vindicatif, fit place sur-le-champ à un sourire de satisfaction. Leur joie éclatait dans leurs yeux, et faisait friser les poils de leurs moustaches.

Le colonel Desborough reconnut sur-le-champ que son honorable et excellent beau-frère était incapable d'oublier ce qui était dû au sang et à la parenté. Maître Bletson découvrit que la république avait trois fois plus d'intérêt à la bonne administration de Windsor qu'à celle de Woodstock. Quant à Harrison, il s'écria, sans biaiser et sans hésiter, que le grapillage des vignes à

Windsor valait mieux que la vendange à Woodstock. Tandis qu'il parlait ainsi, l'éclat de ses yeux noirs exprimait autant de joie des avantages terrestres qu'il se promettait, que si, d'après sa ridicule croyance, il n'eût pas dû bientôt les changer pour sa part dans le règne millénaire. Son transport, en un mot, ressemblait au triomphe d'un aigle qui ne se repaît pas avec moins de plaisir de la chair d'un agneau qu'il tient le soir sous ses serres, parce qu'il aperçoit cent mille hommes qui se disposent à combattre le lendemain matin, et qui lui promettent un banquet durable et splendide aux dépens des braves qui resteront sur le champ de bataille.....

Tous déclarèrent donc qu'ils se conformeraient au bon plaisir du général en cette affaire. Cependant Bletson proposa, comme mesure de précaution, que les commissaires allassent fixer leur résidence pour quelque temps dans la ville de Woodstock, afin d'y attendre l'arrivée de leurs nouvelles commissions pour Windsor ; ce qui fut adopté à l'unanimité, d'après la considération prudente qu'il n'était pas à propos de dénouer un nœud avant que celui qui devait le remplacer fût bien formé.

Chacun des commissaires écrivit séparément à Olivier Cromwell en protestant, à sa manière, de son attachement sans bornes pour sa personne. Chacun se déclara bien déterminé à obéir à la lettre à toutes les injonctions du général ; mais, avec le même dévouement scrupuleux au parlement, chacun ajouta qu'il se trouvait un peu embarrassé pour se démettre de la commission qu'il en avait reçue, et qu'en conséquence, et pour ne pas avoir l'air d'abandonner les fonctions qui lui avaient été confiées, il se croyait tenu en conscience à rester dans la ville de Woodstock, jusqu'à ce qu'il eût été appelé à l'administration bien plus importante de Windsor, à laquelle il était prêt à se dévouer, conformément au bon plaisir de Son Excellence.

Telle était en général la teneur des trois lettres, à quelques variations près, suivant le caractère particulier des trois auteurs. Par exemple, Desborough plaça quelques mots dans la sienne sur le devoir que la religion imposait à chacun de pourvoir aux besoins de sa famille; seulement il estropia le texte qu'il voulait citer. Bletson écrivit quelques longues phrases sur l'obligation politique imposée à chaque membre de la société de consacrer tout son temps et tous ses talens au service de son pays. De son côté, Harrison parlait du néant des affaires actuelles en comparaison du changement terrible qui allait s'effectuer dans tout ce qui était sous le soleil. Mais, quoique les ornemens des trois épîtres ne fussent pas les mêmes, elles tendaient au même but, c'est-à-dire que chacun se déclarait résolu à ne pas perdre de vue Woodstock jusqu'à ce qu'on lui eût garanti quelque autre mission encore plus profitable.

Le colonel écrivit aussi à Cromwell pour lui exprimer une reconnaissance qui aurait probablement été moins vive s'il avait connu plus clairement que Wildrake n'avait jugé à propos de le lui expliquer le motif qui avait déterminé l'astucieux général à lui accorder sa demande. Il informa Son Excellence du projet qu'il avait formé de rester à Woodstock, tant pour surveiller les démarches des trois commissaires et s'assurer qu'ils ne faisaient rien en contravention à ses ordres, que pour veiller à ce que quelques circonstances extraordinaires qui s'étaient passées à la Loge, et qui ne pouvaient manquer de transpirer, ne causassent pas une explosion funeste à la tranquillité publique. Il savait, ce fut ainsi du moins qu'il s'exprima, — que Son Excellence aimait tellement l'ordre, qu'elle préférait prévenir les troubles et insurrections plutôt que d'avoir à les punir. Il l'invitait donc à se fier aux efforts qu'il ferait pour le service public, ne sachant pas, — il est bon de le faire observer, — dans quel sens cette assurance générale pourrait être interprétée.

Les quatre épîtres furent réunies en un seul paquet, et un soldat fut chargé de le porter à Windsor.

CHAPITRE XVII.

> « Les bornes que parfois un trop grand zèle excède,
> » On voudrait y rentrer quand le calme succède. »
>
> *Anonyme.*

Tandis que les trois commissaires se disposaient à quitter la Loge pour s'installer dans l'auberge de la petite ville de Woodstock avec cet appareil bruyant qui accompagne tous les mouvemens des grands, et surtout de ceux qui ne sont pas encore bien familiarisés avec leur grandeur, Everard eut un entretien avec le ministre presbytérien Holdenough, qui venait de sortir de son appartement, et dont les joues pâles et l'air pensif prouvaient qu'il n'avait point passé la nuit plus agréablement que les autres habitans de la Loge. Le colonel lui ayant proposé de lui faire servir des rafraîchissemens, le ministre lui répondit :

— Je ne prendrai d'autre nourriture aujourd'hui que celle qui nous est indiquée comme suffisant à notre subsistance, puisqu'il nous est promis que notre pain nous sera donné, et que l'eau ne nous manquera point. Non que je pense, comme les papistes, que le jeûne ajoute à ces mérites qui ne sont qu'un amas de vils haillons ; mais je trouve nécessaire que des alimens grossiers ne puissent aujourd'hui répandre un nuage sur mon jugement, et rendre moins pures et moins vives les actions de graces que je dois au ciel pour m'avoir miraculeusement conservé.

— Maître Holdenough, dit Everard, je vous connais pour un homme aussi intrépide que vertueux, et je vous ai vu hier soir marcher avec courage pour remplir vos devoirs sacrés, quand des soldats, et des soldats qui ont fait leurs preuves, paraissaient alarmés.

— Avec trop de courage, — avec trop de témérité, répondit le ministre, dont la hardiesse semblait complètement subjuguée. — Nous sommes des créatures bien faibles, maître Everard, et notre faiblesse augmente en proportion des forces que nous nous attribuons. Oh! colonel Everard, ajouta-t-il après un moment de silence, comme si la confidence qu'il allait faire était en partie involontaire ; — je ne crois pas que je survive à ce que j'ai vu.

— Vous me surprenez, monsieur, dit Everard. Puis-je vous prier de vous expliquer plus clairement? J'ai entendu raconter bien des histoires de cette singulière nuit; moi-même j'ai vu des choses fort étranges, mais j'entendrai avec grand intérêt le récit de ce qui vous est arrivé.

— Vous êtes un homme discret, monsieur, répondit Holdenough ; et quoique je ne voulusse pas que ces hérétiques, ces schismatiques, les Brownistes, les

Muggletoniens, les Anabaptistes, et tant d'autres, eussent un sujet de triomphe pareil à celui que leur fournirait ma défaite en cette occasion, néanmoins, comme je vous connais pour un fidèle disciple de notre Église, comme je sais que vous êtes lié à la bonne cause par la grande ligue nationale du Covenant, je puis vous parler à cœur ouvert. Asseyons-nous donc, et permettez-moi de demander un verre d'eau, car j'éprouve encore quelque défaillance de corps, quoique, grace au ciel, je sois en esprit aussi calme et aussi résolu qu'un simple mortel puisse l'être après une telle vision. — On assure, digne colonel, que voir de telles choses est un présage ou une cause de mort prochaine. Si cela est vrai, ce que j'ignore, je quitterai cette vie comme la sentinelle épuisée que son officier vient relever de son poste, et je serai charmé que ces yeux lassés ne voient plus, que ces oreilles fatiguées n'entendent plus tous ces Antinomiens, Pélagiens, Sociniens, Arminiens, Ariens, Nullifidiens, etc., qui se sont répandus dans toute l'Angleterre, comme les reptiles impurs que Dieu envoya dans le palais de Pharaon.

En ce moment un domestique, qui avait été averti, entra avec un verre d'eau qu'il présenta au ministre en le regardant en face d'un air stupéfait, comme s'il eût voulu pénétrer le secret tragique que son front semblait prêt à trahir, et il se retira en secouant la tête avec l'air d'un homme qui est fier d'avoir découvert que tout n'allait pas absolument bien, quoiqu'il lui fût plus difficile de deviner ce qui allait mal.

Le colonel invita le digne ministre à prendre quelque chose de plus restaurant que l'eau pure; mais il s'y refusa. — Je suis en quelque sorte un champion, lui dit-il, et, quoique j'aie essuyé une défaite dans ma dernière rencontre avec l'ennemi, j'ai encore ma trompette pour sonner l'alarme, et mon glaive pour frapper. C'est pourquoi, de même que les anciens Nazaréens, je ne prendrai rien qui soit sorti de la vigne, et je ne boirai ni vin ni liqueurs fortes jusqu'à ce que mes jours de combat soient passés.

Le colonel Everard le pressa de nouveau avec une bienveillance respectueuse de lui faire part des événemens qui lui étaient arrivés la nuit précédente, et le bon ministre lui en fit le récit, comme on va le voir, avec cette légère teinte de vanité caractéristique qui venait naturellement du rôle qu'il avait joué dans le monde et de l'influence qu'il avait exercée sur l'esprit des autres.

— J'étais dans ma jeunesse à l'université de Cambridge, dit-il, et je m'y étais lié d'une amitié intime avec un de mes compagnons, peut-être parce que nous passions, — quoique ce soit vanité d'en parler, — pour les deux écoliers de notre collège qui donnaient les plus belles espérances, et que nous marchions d'un pas si égal qu'il eût été difficile de dire lequel avait fait le plus de progrès : seulement notre professeur, maître Purefoy, avait coutume de dire que, si mon camarade l'emportait sur moi par les dons intellectuels, j'avais l'avantage sur lui dans ceux de la grace; car il s'attachait à l'étude profane des auteurs classiques, toujours peu profitable, souvent impure et quelquefois impie, et le ciel m'avait accordé assez de lumière pour que je m'occupasse principalement des langues sacrées.

— Nous différions aussi d'opinions relativement à l'Église d'Angleterre; car il maintenait les opinions des

Arméniens, comme Laud et comme ceux qui voudraient faire un mélange profane des établissemens civils et religieux, et rendre l'Église dépendante du souffle d'un homme terrestre. En un mot, il favorisait l'épiscopat tant dans les dogmes que dans les formes, et, quoique nous nous soyons séparés les larmes aux yeux et en nous embrassant, ce fut pour suivre une carrière bien différente. Il obtint un bénéfice, et devint un grand controversiste en faveur des évêques et de la cour. De mon côté, comme vous le savez, je taillai mon humble plume pour prendre, aussi bien que je le pouvais, la défense des malheureux opprimés dont la conscience scrupuleuse rejetait des rites et des cérémonies qui conviennent mieux aux papistes qu'à une Église réformée, et qui, d'après la politique aveugle de la cour, étaient soutenues par des peines et des châtimens. — Vint alors la guerre civile; et moi, obéissant à l'appel de ma conscience, et ne craignant ni ne prévoyant les malheureuses conséquences qui sont arrivées par suite de l'insurrection de ces Indépendans, je consentis à prêter mon appui et ma coopération au grand ouvrage, et je devins chapelain du régiment du colonel Harrison. — Non que j'aie combattu avec des armes charnelles sur le champ de bataille, — que Dieu préserve d'une telle conduite un ministre de ses autels ! — mais je prêchais, j'exhortais, je remplissais même au besoin les fonctions de chirurgien, et je cherchais à guérir les plaies du corps comme celles de l'ame. — Vers la fin de la guerre il arriva qu'un parti de malveillans s'était emparé d'un château fort dans le comté de Shrewsbury, situé sur une petite île dans un lac, et où l'on ne pouvait arriver que par une chaussée fort étroite. De là ils faisaient des incursions dans tous les environs qu'ils ravageaient, de sorte qu'il était grand temps d'y mettre ordre, et l'on fit partir un détachement de notre régiment pour les réduire. Je fus requis de les accompagner, car ils étaient en petit nombre pour prendre une place si forte; et le colonel jugea que mes exhortations leur inspireraient du courage. Ainsi donc, contre mon usage, je les suivis jusque sur le champ de bataille, et l'on combattit courageusement des deux côtés. Cependant les malveillans, grace à l'artillerie placée sur leurs murailles, avaient l'avantage sur nous. Après avoir enfoncé leurs portes à coups de canon, le colonel Harrison ordonna à ses soldats d'avancer sur la chaussée pour emporter la place d'assaut. Nos troupes obéirent en bon ordre et bravement; mais, criblées de tous côtés par le feu des ennemis, le désordre se mit parmi elles, et elles se retirèrent avec grande perte; Harrison combattait avec vaillance à l'arrière-garde pour couvrir leur retraite, tandis que l'ennemi, qui avait fait une sortie, les poursuivait l'épée dans les reins.

— Maintenant, colonel Everard, je dois vous dire que mon caractère est naturellement vif et impétueux, quoique des instructions plus parfaites que celles de l'ancienne loi m'aient rendu calme et patient comme vous me voyez. Je ne pus supporter la vue de nos Israélites fuyant devant les Philistins. Je m'élançai sur la chaussée, ma Bible dans une main, dans l'autre une hallebarde que j'avais ramassée; et, me présentant devant les fuyards, je les fis retourner sur leurs pas, en les menaçant de percer le premier qui continuerait à fuir, leur montrant en même temps un prêtre en soutane qui était parmi les malveillans, et en leur demandant s'ils n'écouteraient pas la voix d'un vrai serviteur du ciel comme les incirconcis écoutaient celle d'un prêtre de Baal. Ma voix et quelques coups triomphèrent; nos soldats firent volte-face, et criant : — Périssent Baal et ses adorateurs! ils chargèrent les malveillans avec tant d'impétuosité que non-seulement ils les repoussèrent dans le château, mais qu'ils y entrèrent avec eux.

— Je les y suivis aussi, parce que la foule m'entraînait, et aussi pour engager nos soldats furieux à faire quartier aux vaincus; car mon cœur saignait en voyant des chrétiens, des Anglais égorgés comme des chiens enragés dans la rue. De cette manière, les soldats combattant et tuant, et moi leur criant de montrer de la merci, nous gagnâmes le toit du bâtiment, qui était une plate-forme couverte en plomb, où ceux des Cavaliers qui avaient échappé au massacre s'étaient retirés comme dans une tour de refuge. J'avais été moi-même presque porté tout le long de l'escalier tournant par nos soldats, qui s'y précipitaient comme des chiens de chasse acharnés sur leur proie; et quand j'arrivai sur la plate-forme, je me trouvai au milieu d'une scène d'horreur.

On voyait les défenseurs du château, épars de différens côtés, les uns résistant avec la fureur du désespoir, les autres se jetant à genoux et demandant la vie avec un accent dont le souvenir seul me fend le cœur. Quelques-uns imploraient la merci du ciel, et il était temps, car l'homme n'en avait plus. Ils étaient mutilés à coups d'épée, assommés à coups de crosse de fusil, ou précipités dans le lac, et les clameurs sauvages des vainqueurs, mêlées aux gémissemens, aux plaintes et aux cris des vaincus, produisaient un tumulte si horrible que la mort seule pourra l'effacer de ma mémoire. Et les hommes qui faisaient une si cruelle boucherie de leurs semblables n'étaient ni des païens venus des contrées sauvages et éloignées, ni des scélérats, l'écume et le rebut de leur propre pays; c'étaient, quand ils étaient de sang-froid, des êtres raisonnables, religieux même, et jouissant d'une bonne réputation en ce qui concerne les choses de ce monde-ci et de l'autre. Ah! colonel Everard! on doit redouter et éviter votre métier de la guerre, puisqu'il peut métamorphoser de pareils hommes en loups à l'égard de leur prochain.

— C'est une cruelle nécessité, dit Everard en baissant les yeux, et c'est la seule justification qu'il soit possible d'alléguer. Mais continuez, maître Holdenough; jusqu'à présent je ne vois pas trop quel rapport peut avoir avec ce qui s'est passé la nuit dernière la prise d'assaut d'un château-fort, incident qui n'a eu lieu que trop souvent pendant la guerre civile.

— Vous le verrez dans un instant, répondit le ministre, et il garda le silence une minute ou deux comme pour tâcher de se calmer avant de reprendre le fil d'un douloureux récit. — Au milieu de ce tumulte infernal, dit-il enfin, car rien sur la terre ne peut donner une idée de l'enfer comme de voir des hommes s'abandonner ainsi à un ressentiment mortel contre leurs semblables, je revis le même prêtre que j'avais aperçu quand j'étais sur la chaussée. Il était pressé dans un coin par les assaillans avec deux ou trois autres malveillans qui se défendaient en hommes à qui il ne restait plus aucun espoir. Je le vis, je le reconnus, oh, colonel Everard! — En disant ces mots, Holdenough pressa le bras d'Everard de la main gauche, appuya la droite sur ses yeux et son front, et sanglota quelques instans.

— C'était votre compagnon de collège? dit le colonel, prévoyant la catastrophe.

— Oui, c'était mon ancien ami, mon unique ami, celui avec qui j'avais passé les jours heureux de ma jeunesse. Je voulus fendre la foule qui m'en séparait, courir à lui, demander sa vie à genoux; mais j'avais perdu l'usage des membres et de la voix. Tous mes efforts ne purent aboutir qu'à pousser un cri lamentable, pendant qu'on répétait de toutes parts: — Périsse le prêtre de Baal! Mort à Mathan! Massacrez-le quand il serait sur les marches de l'autel! Prêt à être précipité dans le lac, je le vis s'accrocher à un de ces tuyaux avancés destinés à l'écoulement des eaux de la pluie; mais on le frappa sur les bras et les mains. J'entendis le bruit de sa chute dans le lac. Excusez-moi, je ne puis continuer.

— Il est possible qu'il se soit échappé.

— Oh, non, non! — la tour avait quatre étages de hauteur, et ceux même qui s'étaient jetés dans le lac par des fenêtres moins élevées, dans l'espoir de se sauver à la nage, ne purent y réussir. Des soldats à cheval, non moins altérés de sang que ceux qui avaient pris le château, couraient le long des rives, faisaient feu sur ceux qu'ils voyaient nager, ou les taillaient en pièces dès qu'ils gagnaient le rivage. Tous périrent jusqu'au dernier. — Oh! puisse le sang répandu dans cette journée ne jamais lever la voix au ciel! — Puisse la terre l'avoir absorbé dans ses profondeurs! — Puisse-t-il rester à jamais mêlé avec les eaux noires du lac, afin qu'il ne crie jamais vengeance contre ceux dont la colère fut si cruelle et la main si implacable! — et surtout puisse l'homme égaré qui se présenta au milieu de nos soldats, et dont la voix les encouragea à ces actes de cruauté, recevoir un jour son pardon! O Albany! — ô mon frère! — j'ai versé des larmes pour toi, comme David pour Jonathas!

Le digne ministre continuait à sangloter; et Everard, prenant sincèrement part à sa douleur, résolut d'attendre pour le prier de satisfaire sa curiosité qu'il eût pu se rendre maître d'une émotion d'autant plus violente que c'était un torrent qui avait brisé toutes ses digues; le caractère sévère et les habitudes ascétiques du presbytérien ne l'avaient pas accoutumé à céder à des sentimens trop passionnés. De grosses larmes coulaient sur les traits agités de son visage. Il prit la main d'Everard, comme pour le remercier de la compassion qu'il montrait, la serra avant de la laisser aller; et, s'essuyant les yeux, il reprit la parole d'un ton plus calme:

— Pardonnez-moi une émotion causée par les passions humaines, lui dit-il; je sens qu'il ne convient guère à un homme qui porte mon habit, qui devrait distribuer des consolations aux autres, de s'abandonner à un excès de chagrin qui est du moins une faiblesse, si ce n'est pas un péché. Car que sommes-nous pour que nous pleurions et que nous murmurions de ce qui est permis par le ciel? — Mais Albany était pour moi comme un frère, — j'avais passé dans sa compagnie les plus heureux jours de ma vie, avant de m'être senti appelé à de nouveaux devoirs par les troubles du pays. — Hélas! je dois abréger le reste de mon histoire. — Et, rapprochant sa chaise de celle d'Everard, il lui dit d'un ton grave et mystérieux, et presque à voix basse : — Je l'ai vu la nuit dernière.

— Vous l'avez vu ! — qui ? demanda Everard. Ce ne peut être celui.....

— Celui dont j'ai vu la mort si déplorable. — Mon ancien ami de collège, — Joseph Albany.

— Maître Holdenough, votre habit et votre caractère ne vous permettent pas de plaisanter sur un sujet si grave.

— De plaisanter ! — je plaisanterais aussi aisément sur mon lit de mort, — même sur la Bible.

— En ce cas, vous vous êtes trompé. Cette histoire tragique doit se représenter souvent à votre esprit, et dans un moment où l'imagination l'emportait sur le témoignage des sens, elle vous aura égaré par des apparences trompeuses. Quand l'esprit s'attend à voir quelque chose de surnaturel, il arrive souvent que des chimères en prennent la place, et la tête est alors trop exaltée pour que l'illusion puisse se dissiper.

— Colonel Everard, dit Holdenough avec gravité, je ne dois craindre la face de personne en m'acquittant de mon devoir, et c'est pourquoi je vous dis clairement, comme je l'ai déjà fait avec plus de retenue, que, lorsque vous employez vos connaissances mondaines pour juger de pareilles choses, et approfondir les mystères d'un autre monde, comme il n'est que trop dans votre caractère de le faire, autant vaudrait vouloir mesurer les eaux de l'Isis (1) dans le creux de votre main. Vous êtes dans l'erreur à cet égard, mon cher monsieur, et vous fournissez aux malintentionnés un prétexte pour confondre

---

(1) Rivière d'Oxford. — Éd.

votre nom honorable avec ceux des défenseurs des sorcières, des esprits forts, des athées, en un mot des gens comme ce Bletson, qui, si la discipline de l'Église était maintenue telle qu'elle était au commencement de cette grande lutte, aurait été depuis long-temps rejeté de son sein et abandonné à la puissance séculière, pour que le châtiment de sa chair pût sauver son ame, s'il est possible.

— Vous vous méprenez, maître Holdenough; je ne nie pas l'existence des apparitions surnaturelles, parce que je ne puis ni n'ose opposer mon opinion et élever ma voix contre le témoignage des siècles, fortifié par la croyance de gens instruits comme vous. Mais, quoique j'en admette la possibilité, je dois dire que je n'en ai jamais entendu citer un exemple arrivé de nos jours, et appuyé de telles preuves qu'il fût impossible de ne pas l'attribuer à des causes surnaturelles.

— Écoutez donc ce que j'ai à vous dire, sur la parole d'un homme, d'un chrétien, et ce qui est encore plus, d'un serviteur de notre sainte Église presbytérienne, et d'un Ancien (1) de cette même Église, tout indigne que je suis d'annoncer la vérité parmi les chrétiens. — J'avais pris mon poste hier soir dans mon appartement à demi meublé, où se trouve un grand miroir, dans lequel Goliath aurait pu s'admirer, lorsqu'il était couvert de la tête aux pieds de son armure d'airain. J'en avais fait choix, parce qu'on m'avait dit que c'était la chambre habitable la plus voisine de la galerie, dans laquelle vous

---

(1) On appelle *Anciens* dans l'Eglise presbytérienne ceux qui sont chargés de l'administration spirituelle et temporelle de l'Église. — Éd.

avez été vous-même attaqué cette soirée par le malin esprit. — Ce fait est-il vrai?

— J'y ai été attaqué par quelqu'un qui certainement n'avait pas de bonnes intentions. En nous arrêtant là, votre information est correcte.

— Eh bien, je choisis mon poste aussi près de cette galerie qu'il me fut possible, comme un général intrépide place son camp et élève ses retranchemens aussi près qu'il peut de la ville qu'il assiège. Et bien certainement, colonel Everard, si j'éprouvai quelque sensation de crainte, — car Élie lui-même et les prophètes qui commandaient aux élémens partageaient la fragilité de notre nature, et à plus forte raison un pauvre pécheur comme moi n'en peut-il être exempt; — cependant mon courage me soutenait, et l'espoir ne me manquait pas; je songeais aux textes dont je pouvais me servir, non pas comme de charmes et de talismans, ainsi que les emploient les aveugles papistes, avec des signes de croix et d'autres cérémonies futiles; mais comme nourrissant et fortifiant cette confiance dans les saintes promesses qui est le véritable bouclier de foi, pour émousser les traits de Satan. Ainsi armé et préparé, je m'assis et m'occupai à lire et à écrire, afin d'empêcher mon imagination de se livrer à des écarts, et d'engendrer des craintes puériles. J'écrivis donc méthodiquement ce qui me parut convenir au moment, et quelques ames affamées pourront peut-être encore profiter de la nourriture spirituelle que je leur ai apprêtée ainsi.

— C'était agir avec autant de sagesse que de religion, monsieur. Continuez, je vous prie.

— Au bout de trois heures environ une sorte de frémissement étrange s'empara de mes sens. Ce vieil appartement me parut devenir plus grand, plus sombre, et l'air de la nuit me sembla plus glacial. Je ne sais si c'était parce que le feu commençait à s'éteindre, ou parce que avant les événemens comme celui qui allait arriver il y a toujours un souffle et une atmosphère de terreur, comme Job dit dans un passage bien connu. — La crainte et le saisissement s'emparèrent de moi, et firent trembler mes os (1). — Il est certain que les oreilles me tintaient, et que j'avais des vertiges : j'étais comme ceux qui crient au secours quand ils ne courent aucun danger, comme ceux qui fuient quand personne ne les poursuit. Ce fut alors que quelque chose sembla passer derrière moi, et réfléchit son image sur le grand miroir devant lequel j'avais placé la table sur laquelle j'écrivais : la lumière était en face du miroir. Je levai les yeux sur la glace, j'y vis distinctement la figure d'un homme, et, aussi vrai qu'il l'est que ces paroles sortent de ma bouche, c'était Joseph Albany, le compagnon de ma jeunesse, celui que j'avais vu précipiter dans le lac, du haut de la grande tour du château de Clidesthrough.

— Et que fîtes-vous?

— Je me rappelai sur-le-champ que le philosophe stoïcien Athénodore s'était délivré des horreurs d'une telle vision en continuant le travail dont il était occupé, et mon esprit me suggéra en même temps que, moi prédicateur du christianisme, et chargé d'en expliquer les mystères, j'avais bien moins de raisons de crainte, et bien plus de moyens de bien employer mes pensées qu'un païen que sa sagesse même aveuglait. Ainsi donc, sans montrer aucune alarme, sans même tourner là

(1) Job, liv. Ier. — Éd.

tête, je continuai à écrire, mais j'avoue que mon cœur battait, et que ma main tremblait.

— Si vous pouviez écrire un seul mot, ayant l'esprit frappé d'une telle impression, vous avez assez d'intrépidité et de résolution pour figurer au premier rang de l'armée anglaise.

— Notre courage ne nous appartient pas, colonel, et nous ne devons pas nous en vanter comme s'il venait de nous. — Mais quand vous parlez de cette étrange vision comme d'un effet produit par l'imagination, et non d'une réalité qui a frappé mes sens, permettez-moi de vous dire que votre sagesse mondaine n'est que folie touchant les choses qui ne sont pas de ce monde.

— Avez-vous jeté un second coup d'œil sur la glace?

— Oui, après avoir copié le texte consolant, — Tu fouleras Satan sous tes pieds.

— Et que vîtes-vous alors?

— Je vis s'y réfléchir l'image de Joseph Albany comme s'il eût passé doucement derrière ma chaise ; ayant les mêmes traits que je lui avais connus dans sa jeunesse, si ce n'est qu'il annonçait un âge plus avancé et qu'il était fort pâle.

— Et que fîtes-vous ensuite?

— Pour cette fois, je me retournai, et je vis très-distinctement la figure qui s'était réfléchie sur la surface du miroir s'avancer vers la porte d'un pas qui n'était ni lent ni précipité, mais ferme, et qui semblait glisser plutôt que marcher. Quand elle fut près de la porte, elle se tourna vers moi et me montra encore les traits pâles d'Albany; mais cette figure disparut-elle par la porte ou de quelque autre manière? c'est ce que je ne pourrais dire, car j'ai inutilement mis ma mémoire à contribution pour me le rappeler, et je crois même que j'avais l'esprit trop agité pour le remarquer.

— C'est une vision fort étrange, maître Holdenough; et étant attestée par un homme comme vous, il est impossible d'en révoquer en doute la vérité. Cependant, si quelque être venant d'un autre monde s'est montré à vous, comme vous le pensez, ce dont je ne conteste pas la possibilité, soyez assuré qu'il existe aussi des gens malintentionnés qui prennent une part active à toutes ces intrigues. J'ai eu moi-même ici quelques rencontres avec des êtres très-corporels, doués de bras robustes, et qui portaient certainement des armes de ce monde.

— Sans contredit, sans contredit, digne colonel; Belzébut aime à faire charger par son infanterie et par sa cavalerie mêlées ensemble, comme c'était l'usage de l'ancien général écossais David Leslie. Belzébut a des diables incarnés comme des diables sans corps, et il emploie les uns à soutenir les autres.

— Cela peut être comme vous le dites, maître Holdenough; mais que me conseillez-vous en ce cas?

— Il faut d'abord que je me consulte avec mes frères. S'il reste seulement dans nos environs cinq ministres de la véritable Église, nous chargerons Satan en corps, et vous verrez si nous n'aurons pas le pouvoir de lui résister jusqu'à ce que nous l'ayons mis en fuite. Mais à défaut de cette levée de boucliers spirituels contre de semblables ennemis, étrangers à la terre que nous habitons, mon avis serait que ce château dévoué aux abominations de la sorcellerie, cet antre souillé jadis par la tyrannie et la prostitution, soit entièrement livré aux flammes, de peur que Satan, trouvant un quartier-général qui lui convient si bien, ne s'y établisse comme dans sa place forte, d'où il ferait des sorties contre tous les environs. Certainement je ne conseillerais à aucun chrétien d'habiter cette demeure ; et, si elle était abandonnée et déserte, elle deviendrait un séjour où les sorciers s'assembleraient pour préparer leurs maléfices ; où les sorcières tiendraient leur sabbat ; où se réuniraient ceux qui, comme Démas, courent après les richesses du monde, et cherchent l'or et l'argent par des charmes et des talismans, à la perte éternelle de leurs ames. Croyez-moi donc : le plus sage est de l'abattre, de la démolir, de n'y pas laisser pierre sur pierre.

— Je réponds à cela, mon digne ami, que la chose est impossible ; car le lord général a permis que le frère de ma mère, sir Henry Lee, revienne habiter avec sa famille le château où demeuraient ses pères, et qui est le seul abri qu'il puisse trouver pour couvrir ses cheveux blancs.

— Et cela s'est fait de votre avis, Markham Everard? dit le ministre d'un ton sévère.

— Oui certainement. Pourquoi n'aurais-je pas fait usage de mon crédit pour obtenir un lieu de refuge pour mon oncle?

— Aussi vrai que vous avez une ame, je n'aurais pas cru ces paroles, si elles fussent sorties de la bouche d'un autre. — Dites-moi, n'est-ce pas ce même Henry Lee qui, à l'aide de ses cotes de buffle et de ses pourpoints verts, fit mettre à exécution l'ordre donné par un laïque papiste de placer l'autel à l'extrémité orientale de l'église de Woodstock, et qui jura par sa barbe qu'il ferait pendre dans la grande rue de cette ville quiconque refuserait de boire à la santé du roi? Sa main n'est-elle pas teinte du sang des saints? — Y a-t-il eu dans toute l'armée des Cavaliers un homme qui ait combattu avec un zèle plus fier et plus infatigable pour l'épiscopat et la prérogative royale.

— Tout cela peut être comme vous le dites, maître Holdenough; mais à présent mon oncle est un faible vieillard : il lui reste à peine un soldat à commander ; et sa fille est un être que l'homme le plus dur ne pourrait regarder sans pleurer de compassion; un être qui...

— Un être qui est plus cher à Everard que sa bonne renommée, que sa fidélité à ses amis, que ses devoirs envers le ciel. — Ce n'est pas le moment d'enduire ses lèvres de miel pour parler. — Vous marchez sur un chemin bien dangereux, Markham Everard : — Vous cherchez à relever le chandelier papiste que le ciel a renversé dans sa justice, — à ramener dans ce château de sorcelleries ces mêmes pécheurs qui sont ensorcelés comme lui. Je ne souffrirai pas que le pays soit infecté de leur présence. — Ils ne rentreront point ici.

Holdenough prononça ces mots avec véhémence en frappant la terre de sa canne, et le colonel, fort mécontent, commença à son tour à s'exprimer lui-même avec hauteur.

— Maître Holdenough, dit-il, avant de parler si péremptoirement, vous feriez bien d'examiner quels moyens vous avez pour exécuter vos menaces.

— N'ai-je pas reçu le pouvoir de lier et de délier?

— C'est un pouvoir qui ne vous servira guère, si ce n'est sur ceux qui sont membres de votre Église, dit Everard d'un ton presque méprisant.

— Prenez garde, prenez garde! s'écria le ministre, qui, quoique excellent homme, était quelquefois irritable, comme nous l'avons vu dans une autre occasion;

ne m'insultez-pas! — Honorez le messager, par respect pour celui dont il porte le message.— Ne me bravez pas; je suis tenu de faire mon devoir, dussé-je déplaire à mon frère jumeau.

— Je ne vois pas ce que votre devoir peut avoir à faire ici, dit le colonel avec froideur; et je vous conseille, de mon côté, de ne pas en excéder les bornes en vous mêlant de ce qui ne vous concerne nullement.

— Très-bien! — vous me regardez déjà comme aussi soumis qu'un de vos grenadiers, répliqua le ministre, dont l'indignation faisait frémir tous les membres et dresser les cheveux. Mais apprenez, monsieur, que je ne suis pas aussi dépourvu de pouvoir qu'il vous plaît de le supposer. — J'exhorterai tous les vrais chrétiens de Woodstock à se ceindre les reins, à résister à la restauration de l'épiscopat, de l'oppression et de la malveillance dans ces environs. — J'exciterai le courroux du juste contre l'oppresseur, — contre l'Ismaélite, — contre l'Edomite, contre sa race, contre tous ceux qui le soutiennent et l'encouragent à relever la tête. — J'appellerai à haute voix, sans épargner ma poitrine, je susciterai tous ceux chez qui l'amour divin s'est refroidi, et même la multitude, qui est indifférente à tout. Il se trouvera des gens qui m'entendront; alors je prendrai la verge de Joseph, qui était entre les mains d'Ephraïm, je viendrai purger cette maison des sorciers et des sorcières, des démons et des esprits, et je m'écrierai: Voulez-vous plaider pour Baal? voulez-vous servir Baal? — Non! — Périssent les prophètes de Baal! — Que pas un seul ne vous échappe!

— Maître Holdenough, s'écria le colonel avec impatience, d'après l'histoire que vous m'avez racontée, vous avez déjà prêché sur ce texte une fois de trop.

Ces mots étaient à peine prononcés que le ministre se frappa le front de la main avec force, et tomba sur une chaise aussi subitement et sans plus de résistance que si le colonel lui eût envoyé dans la tête une balle de pistolet. Regrettant aussitôt le reproche qui lui était échappé dans un moment de vivacité, Everard s'empressa de lui en faire ses excuses, et il eut recours à tous les moyens de conciliation qui se présentèrent à son esprit.

Mais le vieillard était trop profondément affecté. Il refusa de lui toucher la main, il refusa de l'écouter, et se levant tout à coup, il lui dit avec force : —Vous avez abusé de ma confiance, monsieur; vous en avez abusé bassement pour me faire un reproche que vous n'auriez osé m'adresser si j'eusse été un homme d'épée. — Jouissez, monsieur, du triomphe glorieux que vous avez remporté sur un vieillard, sur un ancien ami de votre père rouvrez la blessure que mon imprudente confiance vous a montrée.

— Mon digne et excellent ami, dit le colonel, écoutez.....

— Ami! s'écria le vieillard en tressaillant : — nous sommes ennemis, monsieur,—ennemis dès à présent et pour toujours.

A ces mots, se détournant du colonel, il sortit de la chambre d'un pas précipité, suivant sa coutume quand il cédait à son humeur irritable, et qui annonçait certainement plus de colère que de dignité, murmurant encore quelques paroles entre ses dents, comme pour entretenir le feu de son ressentiment, par ses commentaires sur l'insulte qu'il avait reçue.

—A merveille! dit le colonel Everard; il n'y avait pas déjà assez de dissensions entre mon oncle et les habitans de Woodstock; il a fallu que je sème de nouveaux germes de zizanie en échauffant la bile de ce vieillard irritable, quoique je n'ignorasse pas ses idées arrêtées sur le gouvernement de l'Église, et ses préjugés contre tous ceux qui ne professent pas ses principes religieux! —La canaille de Woodstock se soulèvera infailliblement. Maître Holdenough n'y trouverait pas vingt personnes disposées à le seconder dans un projet honnête et raisonnable; mais qu'il crie incendie et destruction, et je garantis qu'il aura une suite nombreuse.—Et mon oncle n'est pas moins vif et moins opiniâtre. Pour tous les domaines qu'il a jamais possédés, il ne voudrait pas qu'une vingtaine de soldats fussent placés chez lui pour le défendre; et, s'il y reste seul avec Jocelin, il n'en fera pas moins feu sur ceux qui pourront se présenter pour attaquer la Loge, comme s'il était à la tête d'une garnison de cent hommes. Et que peut-on attendre d'une pareille conduite, si ce n'est l'effusion du sang et des dangers de toute espèce?

La suite de ces idées fâcheuses fut interrompue par le retour d'Holdenough, qui entra dans l'appartement du même pas qu'il en était sorti, courut en droite ligne vers le colonel, et lui dit : —Prenez ma main, Markham; —prenez-la sur-le-champ, car le vieil Adam me dit tout bas au fond du cœur que c'est une honte de la tenir tendue si long-temps.

—Je la reçois de tout mon cœur, mon vénérable ami, répondit Everard; et je me flatte que vous me l'offrez en signe de renouvellement d'amitié!

—Certainement, très-certainement, dit le ministre en

lui serrant la main. — Les paroles que vous m'avez adressées étaient dures, j'en conviens, mais vous m'avez dit la vérité à propos; et quoique ce fût avec sévérité, je crois que votre intention était bonne et louable. — Je me rendrais véritablement coupable de péché si mon impétuosité me portait à provoquer quelque acte de violence quand j'ai présent à la mémoire le cruel événement que vous m'avez reproché avec...

— Pardon, mon cher Holdenough, pardon! j'ai parlé avec trop de précipitation. Je n'avais nul dessein de vous faire sérieusement un reproche.

— Paix, je vous en prie, paix! — je dis que le reproche que vous m'avez fait *très-justement*, quoiqu'il ait soulevé le levain du vieil homme, le tentateur étant toujours aux aguets pour nous tendre des pièges, — au lieu d'exciter ma colère, devait vous valoir mes remercîmens, car c'est en faisant de pareilles blessures qu'un ami prouve qu'il est fidèle. Et sûrement moi qui, par une malheureuse exhortation à un combat sanguinaire, ai envoyé tant de vivans parmi les morts, et peut-être même, comme je le crains, rappelé les morts parmi les vivans, je ne dois maintenant plus songer qu'à entretenir l'union, la paix et la concorde, pour laisser le soin du châtiment au grand Être dont les lois sont méconnues, et la vengeance à celui qui a dit qu'il se la réservait.

Il y avait dans le visage du vieillard un air d'humilité sincère : le colonel Everard, qui connaissait le côté faible du digne ministre, ses vieux préjugés sur la dignité de son ministère, et ses idées exclusives sur tout ce qui tenait à ses principes religieux, enfin le sentiment de son importance qu'il avait eu besoin de surmonter avant d'arriver à ce ton de candeur et d'humilité, se hâta de lui exprimer l'admiration que lui inspirait sa charité, en se reprochant à lui-même de l'avoir blessé si cruellement.

— N'y pensez plus, excellent jeune homme, n'y pensez plus, dit Holdenough ; nous avons erré l'un et l'autre, — moi en souffrant que le zèle l'emportât sur la charité, — vous peut-être en poussant un peu trop rudement un vieillard encore vif, qui venait de déposer toutes ses souffrances dans le sein de l'amitié. N'en parlons plus. Que vos amis, s'ils n'en sont pas détournés par tout ce qui s'est passé dans cette Loge de Woodstock, reviennent y fixer leur demeure aussitôt que bon leur semblera. S'ils peuvent se protéger eux-mêmes contre les puissances de l'air, croyez que tous mes efforts tendront à empêcher qu'ils ne soient troublés par leurs voisins terrestres. Et soyez assuré, mon cher monsieur, que ma voix a encore quelque crédit sur le digne Maire, sur les honnêtes Aldermen et sur les principaux habitans de cette ville, quoique les classes inférieures se laissent entraîner par le premier vent de chaque doctrine. — Soyez également persuadé, colonel, que si le frère de votre mère ou quelqu'un de la famille reconnaissait qu'il avait pris un mauvais parti en rentrant dans cette malheureuse et profane maison, ou que sa conscience éprouvât quelques inquiétudes qui lui fissent désirer des consolations spirituelles, le vieux Holdenough sera à ses ordres la nuit aussi bien que le jour, comme si ce pécheur repentant eût été élevé dans le sein de l'Église dont je suis un ministre indigne ; ni la crainte des apparitions effrayantes qui peuvent avoir lieu dans ces murs, ni la connaissance que j'ai de l'état d'aveugle-

-ment de ceux qui professent les principes des épiscopaux, ne m'empêcheront jamais de faire tout ce que mes faibles moyens pourront me permettre pour leur protection et leur édification.

— Je suis très-reconnaissant de toutes vos bontés, maître Holdenough, répondit le colonel Everard; mais je ne crois pas probable que mon oncle vous donne beaucoup d'embarras sous l'un ou l'autre rapport. Il est habitué à se protéger lui-même contre les dangers temporels; et quant à ce qui concerne le spirituel, il met sa confiance dans ses prières et dans celles de l'Église dont il est membre.

— J'espère que je ne me suis pas rendu coupable de présomption en offrant mes secours spirituels, dit le ministre un peu piqué de l'espèce de refus qu'il venait d'essuyer; si cela est, je vous en demande pardon, très-humblement pardon; je ne voudrais point passer pour présomptueux.

Le colonel se hâta d'apaiser la nouvelle alarme que prenait le ministre, toujours vigilant et inquiet sur ce qui pouvait diminuer son importance : c'était le seul défaut de ce digne homme, joint à ceux d'un caractère violent qu'il ne pouvait toujours maîtriser.

Ils étaient donc amis comme auparavant lorsque Wildrake revint de la chaumière de Jocelin, et informa Everard à voix basse qu'il avait réussi dans sa mission. Le colonel se tourna alors vers le ministre, l'informa que, les commissaires ayant déjà quitté la Loge, et que son oncle sir Henry Lee se proposant d'y rentrer vers midi, il partirait avec lui, s'il le trouvait à propos, pour se rendre à Woodstock.

— Ne resterez-vous pas, dit Holdenough avec un ton de voix qui annonçait quelque appréhension, pour féliciter vos parens sur leur retour dans leur domicile ?

— Non, mon digne ami, répondit le colonel Everard. Le parti que j'ai embrassé dans nos malheureuses divisions, peut-être aussi la différence de nos principes politiques et de notre religion, ont inspiré à mon oncle tant de préventions contre moi, qu'il faut que je sois pendant quelque temps comme étranger à sa maison et à sa famille.

— Véritablement! s'écria le ministre. — J'en suis charmé, — charmé de tout mon cœur et de toute mon ame. — Excusez ma franchise; — j'avais pensé — peu importe ce que j'avais pensé. — Je ne voudrais pas vous offenser de nouveau; — cependant, quoique la jeune personne ait des traits agréables; quoique le vieillard soit, comme tout le monde dit, un homme sans reproche, en ce qui concerne les choses de ce monde; — mais je vois que je vous afflige; je ne vous dirai plus rien, à moins que vous ne désiriez recevoir les avis d'un homme sincère et sans préjugés, auquel cas les miens sont à votre service; mais je n'aurai pas la présomption de vous les offrir sans cela. — Eh bien! partons-nous ensemble pour Woodstock ? — La solitude agréable de la forêt nous disposera peut-être à nous ouvrir nos cœurs l'un à l'autre.

Ils partirent à pied; et, quoiqu'ils parlassent de différens objets, chemin faisant, le colonel, à la grande surprise de maître Holdenough, ne lui demanda pas ses avis spirituels sur le sujet de son amour pour sa belle cousine. Il est vrai que, de son côté et contre l'attente du jeune militaire, le ministre tint religieusement sa parole; et, pour nous servir de son expression, il n'eut pas la présomption d'offrir sur un point si délicat des conseils qu'on ne lui demandait pas.

CHAPITRE XVIII.

> « Les voilà donc parties !
> » Mais nous placerons-nous où siégeaient ces harpies
> » Sans avoir avec soin purifié ces murs,
> » Souillés par le contact de ces oiseaux impurs ?
>
> *Agamemnon.*

Le succès obtenu par Wildrake dans son ambassade était principalement dû à la médiation du ministre que nous avons vu remplir les fonctions de chapelain dans la famille de sir Henry Lee, sur l'esprit duquel il exerçait une influence due à plusieurs causes.

Quelques instans avant midi, sir Henry Lee, avec sa suite peu nombreuse, se remit sans obstacle en possession des appartemens qu'il occupait précédemment dans la Loge; et Jocelin Joliffe, Phœbé et la vieille Jeanne réparèrent de concert le désordre qu'avaient jeté partout les intrus qui venaient de partir.

Comme toutes les personnes de qualité de cette époque, sir Henry Lee avait un amour de l'ordre qui allait jusqu'à la minutie; il se sentait insulté et humilié par les apparences de confusion qu'il voyait régner partout, et il lui tardait de purifier sa demeure de ce qui pouvait rappeler le souvenir de ceux qui l'avaient momentanément habitée. Dans son empressement il donnait plus d'ordres que ses domestiques, en si petit nombre, ne pouvaient en exécuter. — Les misérables ont laissé après eux une odeur sulfureuse, dit-il, comme si le vieux Davie Leslie avait ici son quartier-général avec toute l'armée écossaise.

— Et cela ne vaut guère mieux, dit Jocelin, car on assure que le diable est venu en personne au milieu d'eux, et que c'est lui qui les a fait décamper.

— En ce cas, reprit le chevalier, le prince des ténèbres est un gentilhomme, comme le dit le vieux Shakspeare. Il n'intervient jamais avec ceux qui ont droit au même rang; car les Lee ont vécu ici de père en fils depuis cinq siècles, sans qu'il les ait jamais inquiétés; et à peine ces gueux revêtus y mettent-ils le pied, qu'il vient y jouer ses tours.

— Du moins ils nous ont laissé une bonne chose dont nous pouvons le remercier, dit Joliffe, un garde-manger et un cellier garnis comme on l'a vu rarement en cette maison depuis bien du temps. — Des moutons tout entiers, — d'énormes cuisses de bœuf, — des caisses de confitures, — des tonneaux d'ale et de vin, et je ne saurais dire quoi encore. — Nous aurons de quoi passer le temps royalement la moitié de l'hiver, et il faut que Jeanne se mette sur-le-champ à saler les viandes.

— Fi donc! s'écria le vieux chevalier; crois-tu que nous touchions au moindre fragment des provisions laissées par cette écume de la terre? — Jette-les par la fenêtre sur-le-champ. — Mais non, non. — Ce serait un péché. Donne-les aux pauvres, ou renvoie-les à ceux à qui elles appartiennent. — Songe bien que je ne veux pas boire une goutte de leurs liqueurs fortes. — J'aimerais mieux être réduit à la boisson d'un ermite pour toute ma vie que de me régaler des restes de ces drôles, comme un misérable garçon de cabaret qui vide le fond des bouteilles quand les hôtes ont payé leur écot et sont partis. — Et, écoute-moi, je ne veux plus boire de l'eau de la citerne où ces coquins en ont sans doute puisé; va m'en chercher une cruche à la fontaine de Rosemonde.

Alice entendit cet ordre; et, sachant que les domestiques avaient déjà bien assez d'ouvrage, elle prit tranquillement une petite cruche, s'enveloppa d'une mante, et alla elle-même chercher l'eau que son père désirait.

Alors Jocelin dit avec quelque embarras qu'il se trouvait encore au château un individu qui faisait partie de la compagnie de ces intrus. Il est chargé, dit-il, de veiller au transport de quelques malles appartenant aux commissaires, et il pourrait prendre les ordres de Votre Honneur, relativement aux provisions.

— Fais-le venir ici, dit le chevalier. — C'était dans le vestibule que ce dialogue avait lieu. — Eh bien, pourquoi lambines-tu ainsi? Qu'as-tu à hésiter?

— C'est que..... c'est que Votre Honneur ne se souciera peut-être pas de le voir. C'est celui qui, l'autre soir.....

— A fait sauter en l'air ma rapière, veux-tu dire. — Qu'importe? Ai-je jamais su mauvais gré à quelqu'un de maintenir son terrain devant moi? — Tout Tête-Ronde qu'il est, je ne l'en aime que mieux pour cela, bien loin de lui en vouloir. — J'ai faim et soif de me mesurer de nouveau avec lui. — Je n'ai cessé de réfléchir à sa passe depuis ce temps, et je crois que, si nous étions de nouveau les armes à la main, je ne me laisserais pas désarmer si aisément. — Fais-le venir sur-le-champ.

Tomkins le Fidèle arriva quelques momens après, armé d'une imperturbable gravité, que ni les terreurs de la nuit précédente, ni l'air de gravité du noble chevalier, ne purent déconcerter un instant.

— Eh bien, mon brave, dit sir Henry, je voudrais mettre encore une fois à l'épreuve ta science en escrime. — Tu m'as désarmé l'autre soir, mais je crois véritablement qu'il ne restait plus assez de jour pour mes yeux. — Prends ce fleuret. — Je me promène ici dans le vestibule, comme dit Hamlet, et c'est le moment du jour où je puis respirer. — Allons, prends ce fleuret.

— Puisque c'est le désir de Votre Honneur, bien volontiers, répondit Tomkins en laissant tomber son grand manteau, et en prenant le fleuret.

— Maintenant, si tu es prêt, je le suis aussi, dit le chevalier, il semble qu'il m'a suffi de marcher sur ces pierres pour conjurer la goutte qui me menaçait. Je suis aussi ferme qu'un coq de combat. — Ça — ça.

Ils commencèrent leur assaut en déployant beaucoup d'adresse; et soit que le vieux chevalier combattît réellement avec plus de sang-froid armé d'un fleuret qu'armé d'une rapière, soit que Tomkins voulût bien lui laisser quelque avantage dans ce combat simulé, il est certain qu'il en remporta l'avantage, et ce succès le mit de bonne humeur.

— Vous voyez que j'ai trouvé votre passe, dit-il ; on ne me prend pas deux fois au même tour. — C'était une feinte palpable, mais je ne voyais pas assez clair l'autre soir, — au surplus il est inutile d'en parler. — En voilà assez : je ne veux pas imiter nos imprudens Cavaliers, qui vous ont battus si souvent, Têtes-Rondes que vous êtes, qu'ils vous ont enfin appris à nous battre. Mais à propos, pourquoi laissez-vous mon garde-manger si bien rempli ? — Croyez-vous que ma famille et moi nous voulions nous servir de vos restes ? — Ne savez-vous que faire de vos vivres séquestrés, puisque vous les laissez ainsi derrière vous quand vous changez de quartiers ?

— Il est possible, répondit Tomkins, que Votre Honneur ne désire pas la chair des bœufs, des béliers et des chèvres ; mais quand vous saurez que le prix de ces provisions a été payé avec les revenus de votre domaine de Ditchley, séquestré au profit de l'état il y a plus d'un an, vous aurez moins de scrupule à vous en servir.

— Ce que je ferai bien certainement, s'écria sir Henry; et je suis charmé que vous m'ayez restitué quelque chose de ce qui m'appartient. Certes j'étais un âne véritable de soupçonner tes maîtres de subsister autrement qu'aux dépens des honnêtes gens.

— Et quant aux cuisses de bœuf, dit Tomkins avec la même gravité, il y a à Westminster un croupion (1)

---

(1) En anglais *rump*. Ce mot signifie la partie postérieure du

qui donnera plus de besogne à l'armée, avant que nous puissions le découper à notre gré.

Sir Henry garda le silence un instant comme pour réfléchir à ce que signifiait ce style métaphorique, car il n'avait pas l'imagination très-vive. Mais en ayant compris le sens, il partit d'un grand éclat de rire, avec une franche gaieté que Jocelin ne se souvenait pas de lui avoir vue depuis long-temps.

— Fort bien! dit-il: ta plaisanterie me plaît; — c'est la morale de ce spectacle de marionnettes. — Faust (1) a conjuré le diable, comme le parlement a conjuré l'armée, ensuite le diable emporte Faust, comme l'armée emportera le parlement, — ou le Croupion, comme tu l'appelles, la partie qui siège encore dans le soi-disant parlement. — Et, vois-tu, l'ami, le plus grand diable de tous a ensuite mon consentement pour emporter l'armée à son tour, depuis le premier général jusqu'au dernier tambour. — Ne fronce pas le sourcil pour cela, l'ami; souviens-toi qu'il y a maintenant assez de jour pour une partie à fer pointu et émoulu.

Sans doute Tomkins crut devoir renfermer en lui-même son mécontentement; et disant que les voitures étaient prêtes pour transporter à Woodstock le bagage des commissaires, il prit congé de sir Henry Lee.

Le vieillard continua à se promener dans le vestibule reconquis en se frottant les mains avec un air de

corps, la *queue*, etc. Il devint le sobriquet injurieux des derniers membres du long parlement. — Éd.

(1) L'histoire merveilleuse de *Faust* n'était pas moins populaire en Angleterre qu'en Allemagne. Un poète contemporain de Shakspeare, Marlow, avait mis en scène les aventures de ce magicien fameux. — Éd.

satisfaction qu'on n'avait jamais vu en lui depuis la fatale journée du 30 janvier.

— Nous voilà donc rentrés dans le vieux terrier, Joliffe, dit-il, et bien approvisionnés, à ce qu'il paraît! — Comme le drôle a su résoudre mes doutes de conscience! — Le plus grand butor d'entre eux est un excellent casuiste quand la question repose sur l'intérêt. — Vois un peu, Jocelin, s'il n'y a pas quelque pauvre soldat en guenilles qui rôde dans les environs; il regarderait comme un présent tombé du ciel ce que nous pourrions lui offrir du garde-manger. — Et son escrime! Jocelin, ce n'est pas que je la critique; — il ne se défend pas mal. — Mais tu as vu comme je l'ai mené quand j'avais un jour convenable?

— Oui, oui, répondit Jocelin, Votre Honneur lui a appris à distinguer le duc de Norfolk du jardinier Saunders (1). Je réponds qu'il ne sera pas très-pressé de retomber entre les mains de Votre Honneur.

— Ah! ah! je commence à devenir vieux, dit sir Henry; mais le temps ne rouille pas le talent, quoiqu'il rende les nerfs moins souples. Ma vieillesse ressemble, comme le dit Will, à un bel hiver froid, mais salubre (2).

— Et qui sait si, tout vieux que nous sommes, nous ne vivrons pas encore assez pour voir des jours plus heureux? Je te garantis, Jocelin, que je ne suis pas fâché de cette bisbille entre les coquins du parlement et les coquins de l'armée. — Quand les brigands sont en

---

(1) Expression proverbiale empruntée à une comédie du temps.
ÉD.

(2) . , . . . *like a lusty Winter*
Frosty but kindly.
SHAKSPEARE. — ÉD.

querelle, c'est une chance de salut pour les honnêtes gens.

C'était ainsi que le vieux Cavalier triomphait de la triple gloire d'être rentré dans son habitation ; d'avoir rétabli, à ce qu'il se figurait, sa réputation d'homme d'épée ; et enfin d'avoir découvert dans la situation des affaires quelque apparence de changement, dont il ne désespérait pas que la cause royale ne pût profiter

Pendant ce temps Alice marchait avec une gaieté à laquelle elle avait été étrangère depuis quelque temps, pour payer son contingent des travaux domestiques de la maison, en allant chercher à la fontaine de la belle Rosemonde l'eau que désirait son père.

Peut-être se rappelait-elle que, dans son enfance, elle avait quelquefois rempli les mêmes fonctions par ordre de son cousin Markham, lorsqu'elle représentait une princesse troyenne captive, condamnée à puiser de l'eau dans quelque fontaine de la Grèce pour l'usage du fier vainqueur. — Quoi qu'il en soit, elle était presque heureuse de voir son père réinstallé dans son ancienne habitation ; et sa joie n'en était pas moins sincère parce qu'elle savait que leur retour à Woodstock était dû à son cousin, et que, même aux yeux prévenus de son père, Everard était disculpé jusqu'à un certain point des accusations portées contre lui par le vieux chevalier ; enfin, pensait-elle, si une réconciliation n'avait pas encore eu lieu, du moins les préliminaires de paix étaient établis de manière à pouvoir amener aisément cette conclusion désirable.

Le destin douteux de son frère aurait pu troubler ce moment de bonheur ; mais Alice avait été élevée au milieu des luttes fréquentes de la guerre civile, et elle avait contracté l'habitude de se livrer à l'espérance jusqu'à ce qu'il devînt impossible d'en conserver aucune. D'ailleurs, tous les rapports semblaient lui garantir la sûreté de son frère.

Alice avait une autre cause de bonheur dans le plaisir qu'elle éprouvait à se retrouver dans la demeure de son enfance, dans les lieux qu'elle avait si souvent parcourus, et qu'elle n'avait pu quitter sans un chagrin d'autant plus vif peut-être qu'elle avait cherché à le cacher à son père, pour ne pas ajouter à l'amertume de ses regrets. Enfin elle jouissait du contentement qu'éprouve souvent une jeune fille qui trouve l'occasion d'être utile à ceux qu'elle aime, et à leur rendre les petits services que l'âge reçoit avec tant de plaisir des mains de la jeunesse. Elle traversa donc d'un pas rapide ce qu'il restait de l'espèce de labyrinthe dont nous avons déjà parlé sous le nom de *désert*, et elle entra ensuite dans le parc pour aller remplir sa cruche à la fontaine de Rosemonde. L'exercice animait ses traits ; Alice avait retrouvé pour le moment cette expression enjouée qui avait été le caractère particulier de sa beauté dans les jours plus heureux de sa première jeunesse.

Cette antique fontaine avait été autrefois décorée d'ornemens d'architecture dans le style du seizième siècle, et dont le sujet avait été puisé dans la mythologie. Le temps les avait renversés et détruits, et ce n'était plus qu'une masse de ruines couvertes de mousse ; mais la source d'eau vive continuait à verser chaque jour ses trésors liquides, qu'on voyait sortir entre les pierres disjointes, et se répandre ensuite à travers des débris d'ancienne sculpture.

D'un pas léger et le sourire sur les lèvres, la jeune miss Lee s'approchait de la fontaine ordinairement si solitaire, quand elle aperçut quelqu'un sur ses bords. Elle s'arrêta un instant; mais, voyant que c'était une femme, elle continua à s'avancer avec confiance, quoiqu'un peu plus lentement. — C'était peut-être une servante de la ville qu'une maîtresse fantasque envoyait chercher une eau renommée par sa limpidité, ou quelque vieille femme qui faisait un petit commerce en portant de cette eau aux familles qui en désiraient. — Il n'y avait donc aucun motif d'appréhension.

Et cependant la terreur qu'inspirait alors le moindre incident était telle, qu'Alice ne put voir cette étrangère sans quelque inquiétude. Des femmes qui ne conservaient aucun des attributs de leur sexe avaient, comme c'est l'usage, suivi les camps des deux armées pendant la guerre civile, et exercé, presque au même degré, leurs talens pour le pillage et le meurtre, d'un côté avec le ton imposteur du fanatisme et de l'hypocrisie, de l'autre avec le front découvert du libertinage et de l'impiété. Mais on était au milieu de la journée, la Loge n'était qu'à peu de distance; et, quoique surprise de voir une étrangère dans un lieu qu'elle croyait trouver solitaire, la fille du vieux et fier chevalier avait trop d'élévation dans l'âme pour s'abandonner à une frayeur sans motif.

La femme dont la présence avait surpris Alice appartenait à la classe inférieure de la société. Sa mante rouge, son jupon brun, son fichu à bords bleus et son chapeau très-élevé, annonçaient tout au plus la femme d'un petit fermier ou d'un paysan, et pouvait aussi faire craindre quelque chose de pire. Ses vêtemens n'étaient pourtant pas usés ; mais, — chose qu'une femme découvre du premier coup d'œil, — Alice remarqua sur-le-champ qu'ils étaient ajustés avec négligence ; qu'on aurait pu dire qu'ils n'avaient pas été faits pour elle, et qu'elle les devait à quelque accident, si ce n'était au vol. Sa taille était extraordinaire, ce qui n'échappa point à Alice dans le rapide examen qu'elle fit de l'extérieur de cette étrangère ; ses traits étaient singulièrement durs, son air peu prévenant, son teint excessivement basané. Alice, en se baissant pour remplir sa cruche, regrettait presque de n'être pas retournée sur ses pas, sauf à charger Jocelin de cette commission ; mais ces regrets venaient trop tard, et il ne lui restait qu'à déguiser de son mieux les sentimens peu agréables qu'elle éprouvait.

— Que les bénédictions de cette belle journée tombent sur celle qui n'est pas moins belle, dit l'étrangère d'une voix dure, mais qui n'avait rien d'hostile.

— Je vous remercie, répondit Alice en continuant à remplir sa cruche à l'aide d'un seau de fer attaché par une chaîne à une pierre qui était sur le bord de la fontaine.

— Si vous vouliez accepter mon aide, votre besogne serait peut-être plus tôt faite.

— Je vous remercie ; mais, si j'avais eu besoin d'aide, j'aurais amené quelqu'un avec moi.

— Je n'en doute pas, la jolie fille ; il ne manque pas de jeunes gens à Woodstock qui savent y voir ; — je suis sûre que vous auriez pu amener avec vous, si vous l'aviez voulu, quiconque d'entre eux vous eût seulement aperçue.

Alice ne répliqua pas un seul mot, car la liberté avec

laquelle cette femme lui parlait lui déplaisait, et elle désirait rompre la conversation.

— Vous ai-je offensée? continua l'étrangère ; je n'en avais pas l'intention. — Je vous ferai ma question en d'autres termes. Les bonnes dames de Woodstock sont-elles assez peu soigneuses de leurs filles, pour permettre à celle qui en est la fleur de courir dans le parc sans sa mère, sans quelqu'un qui puisse empêcher le renard d'emporter l'agneau ? — Il me semble que cette insouciance n'annonce pas beaucoup de tendresse.

— Contentez-vous de savoir, bonne femme, que je puis aisément trouver secours et protection, répondit Alice, à qui l'effronterie de sa nouvelle connaissance déplaisait de plus en plus.

— Hélas! ma jolie fille, dit l'étrangère en passant une main aussi large que dure sur la tête d'Alice qui était toujours penchée pour puiser de l'eau ; — il serait difficile de faire entendre un sifflet comme le vôtre d'ici à la ville de Woodstock, quelque haut que vous pussiez crier.

Alice fit un mouvement de la tête pour se débarrasser de la main de cette femme, se leva, prit sa cruche, quoiqu'elle ne fût qu'à moitié pleine; et, voyant l'étrangère se lever en même temps, elle lui dit, non sans quelque appréhension, mais avec un ton naturel de mécontentement et de dignité : — Si j'avais besoin de secours, il ne serait pas nécessaire que mes cris se fissent entendre à Woodstock : j'en trouverais beaucoup plus près.

Elle ne parlait pas au hasard ; car au même instant le noble chien Bevis accourut à travers les broussailles, et vint se placer à son côté, fixant sur l'étrangère des yeux menaçans, hérissant le poil comme les soies d'un sanglier pressé par les chiens, montrant deux rangs de dents égales à celles d'un loup de Russie ; et, sans aboyer ni changer de position, il semblait, par son grondement sourd et résolu, annoncer qu'il n'attendait qu'un signe de sa maîtresse pour s'élancer sur une femme suspecte.

L'étrangère n'en fut pas effrayée. — Ma jolie fille, dit-elle, vous avez là véritablement un formidable gardien, et qui suffirait seul pour faire peur à des enfans; mais nous autres qui avons été à la guerre, nous avons des secrets pour dompter ces dragons furieux. Empéchez donc votre protecteur quadrupède d'approcher de moi, car c'est un noble animal, et la nécessité de me défendre me déterminerait seule à lui faire du mal.

A ces mots elle tira de son sein un pistolet, l'arma, et en dirigea le bout vers le chien, comme si elle eût craint qu'il ne sautât sur elle.

— Doucement, bonne femme, arrêtez! s'écria Alice; le chien ne vous fera aucun mal. — Tout beau, Bevis! à bas, monsieur! — Et avant que vous cherchiez à le blesser, sachez que c'est le chien favori de sir Henry Lee de Ditchley, grand-maître de la capitainerie de Woodstock, qui punirait sévèrement quiconque le maltraiterait.

— Et vous, la belle, vous êtes sans doute la femme de charge du vieux chevalier! J'ai souvent entendu dire que les Lee avaient bon goût.

— Je suis sa fille, bonne femme.

— Sa fille! — j'ai donc été aveugle; — mais c'est la vérité. Rien de moins parfait ne peut répondre à la description que tout le monde fait de miss Alice Lee. — J'espère que mes folies ne vous ont pas offensée, miss Lee? Peut-être me permettrez-vous, en signe de réconciliation, de remplir votre cruche, et de la porter jusqu'où vous le désirerez?

— Comme il vous plaira, bonne mère; mais je vais retourner à la Loge, et dans le temps actuel je ne puis y admettre d'étrangers. Vous ne pouvez me suivre plus loin que l'enclos du parc. — Il y a déjà long-temps que je suis absente, adieu; j'enverrai quelqu'un au-devant de vous pour chercher la cruche.

A ces mots elle se détourna, et reprit le chemin de la Loge, en doublant le pas avec un sentiment de terreur qui lui semblait à elle-même inexplicable, comptant se débarrasser ainsi de cette femme.

Mais elle comptait sans son hôte. Au bout de quelques instants sa nouvelle compagne était déjà à son côté. Elle y était arrivée sans courir, par le moyen d'enjambées prodigieuses dont une femme paraissait incapable, et qui lui avaient fait regagner l'avance que la timide Alice avait prise sur elle. Mais, quoique sa voix fût toujours dure et désagréable, ses manières étaient plus respectueuses qu'auparavant, et tout son extérieur annonçait même qu'elle éprouvait une sorte d'appréhension mal définie, mais irrésistible.

— Aimable miss Lee, lui dit sa persécutrice, pardonnez à une étrangère de n'avoir pas su distinguer une personne de votre condition d'une jeune fille de village, et de vous avoir parlé avec une liberté qu'elle n'aurait pas dû se permettre à l'égard d'une dame de votre rang. Je crains de vous avoir offensée.

— Nullement, répondit Alice; mais je suis près de

chez moi, et je puis vous dispenser de m'accompagner plus loin. — Vous m'êtes tout-à-fait inconnue.

— Mais il ne s'ensuit pas que votre bonne fortune me le soit, belle miss Alice. — Regardez mon visage basané; l'Angleterre n'en produit pas de semblable; et dans le pays d'où je viens, le soleil, qui nous noircit le teint, nous en dédommage par des connaissances refusées à ceux qui habitent votre climat moins chaud. Souffrez que je regarde votre jolie main, et je vous promets que vous entendrez des choses qui ne vous déplairont pas.

— J'entends déjà ce qui me déplaît, dit Alice en retirant une main dont l'étrangère cherchait à s'emparer; allez dire la bonne aventure et jouer vos tours de chiromancie aux femmes de Woodstock : les personnes bien nées regardent votre science comme une imposture, ou comme acquise par des moyens illicites.

— Vous ne seriez pourtant pas fâchée d'entendre parler d'un certain colonel que des circonstances malheureuses ont séparé de sa famille. — Vous me donneriez mieux que de l'argent si je pouvais vous assurer que vous le verrez dans un jour ou deux,—peut-être plus tôt.

— Je ne sais ce que vous voulez dire, bonne femme; si vous avez besoin d'aumônes, voici une pièce d'argent, c'est tout ce que j'ai dans ma bourse.

— Ce serait dommage que je la prisse. — Donnez-la-moi pourtant. — Dans tous les contes de fées, la princesse doit mériter par sa générosité les bontés de la fée bienfaisante, avant que celle-ci l'en récompense en lui accordant sa protection.

— Prenez, prenez! — rendez-moi ma cruche, et retirez-vous. — Ah! voilà un des domestiques de mon père : — Jocelin! — Jocelin! par ici!

La diseuse de bonne aventure laissa tomber à la hâte quelque chose dans la cruche, la remit à Alice, et, doublant le pas, disparut promptement dans l'épaisseur du bois.

Bevis se retourna, et montra quelque envie de poursuivre pendant sa retraite une femme qui lui était suspecte. Cependant il courut à Jocelin en grondant, comme pour lui demander son avis, et incertain de ce qu'il devrait faire. Jocelin l'apaisa, et s'approchant de sa jeune maîtresse, il lui demanda avec surprise ce qu'elle avait, et pourquoi elle semblait effrayée. Alice parla très-légèrement de l'alarme qu'elle avait eue, et à laquelle, dans le fait, elle n'aurait pu assigner un motif très-raisonnable, car les manières de cette femme, quoique hardies et familières, n'avaient rien de menaçant. Elle se borna à lui dire qu'elle avait trouvé près de la fontaine de Rosemonde une diseuse de bonne aventure dont elle avait eu quelque peine à se débarrasser.

— Ah la voleuse d'Égyptienne ! s'écria Joliffe ; elle a senti que le garde-manger est bien garni. — Ces vagabonds ont le nez aussi fin que les corbeaux. Regardez bien autour de vous, miss Alice, vous ne voyez pas un seul corbeau dans tout le firmament ; mais qu'un mouton tombe tout à coup dans une prairie, vous en entendrez une douzaine croasser avant que la vie l'ait tout-à-fait abandonné, comme pour inviter les autres à venir prendre leur part du festin. — Il en est de même de ces impudens mendians. On n'en voit guère quand on n'a rien à leur donner ; mais qu'ils sentent de la chair dans le pot, et ils veulent en avoir leur part.

— Vous êtes si fier de votre garde-manger, Jocelin, que vous soupçonnez tout le monde de former des desseins contre vos provisions. Je ne crois pas que cette femme se hasarde à s'approcher de votre cuisine.

— Et je le lui conseille pour sa santé, car je lui donnerais un souper qu'elle ne digèrerait pas aisément. — Mais donnez-moi cette cruche, miss Alice; il est plus convenable que ce soit moi qui la porte. — Qu'est-ce donc que j'entends sonner au fond? est-ce que vous avez pris quelques cailloux avec l'eau?

— Je crois que cette femme y a laissé tomber quelque chose.

— Il faut y regarder, car il est probable que c'est un charme, et nous avons déjà assez de diableries à Woodstock. — Ne vous inquiétez pas de l'eau; j'aurai bientôt rempli la cruche à la fontaine.

Il vida la cruche sur l'herbe, et trouva au fond une bague d'or dans laquelle était enchâssé un rubis qui paraissait de quelque prix.

— Si ce n'est pas un charme, je ne sais ce que c'est, dit Jocelin. En vérité, miss Alice, je crois que vous feriez bien de jeter cette babiole. De tels présens faits par de pareilles mains sont des espèces d'arrhes données par le diable à celles qu'il veut enrôler dans son régiment de sorcières; et si l'on reçoit de lui seulement une fève, on devient son esclave pour toujours. — Oui, regardez bien ce joyau; demain vous ne trouverez plus en place qu'un anneau de plomb et un caillou.

— Je crois, Jocelin, que le mieux est de chercher cette femme à visage basané, et de lui rendre un objet qui parait avoir quelque valeur. Tâchez de la retrouver, et rendez-lui sa bague; elle paraît trop belle pour que nous la jetions.

— Voilà bien comme sont toutes les femmes! murmura Jocelin entre ses dents; prenez la meilleure d'entre elles, et voyez si elle n'a pas toujours quelque goût pour les moindres affiquets. — Songez, miss Alice, que vous êtes trop jeune et trop jolie pour vous enrôler dans un régiment de sorcières.

— Je ne le craindrai que quand vous serez devenu sorcier, Jocelin. — Mais hâtez-vous d'aller remplir la cruche à la fontaine; vous y retrouverez peut-être cette femme; vous lui rendrez sa bague, et vous lui direz qu'Alice Lee n'a pas plus envie de ses présens que de sa compagnie.

A ces mots Alice continua à s'avancer vers la Loge, tandis que Jocelin marchait vers la fontaine de Rosemonde pour s'acquitter de sa commission. Mais il n'y trouva pas la diseuse de bonne aventure, ou l'étrangère quelle qu'elle fût, et il ne crut pas devoir se donner la peine de la chercher ailleurs.

— J'ose dire que la vieille a volé cette bague quelque part, se dit à lui-même le garde forestier; et si elle vaut réellement quelques nobles, il est préférable qu'elle soit en des mains honnêtes qu'en la possession de vagabonds. D'ailleurs mon maître a droit aux épaves, et une telle bague, en la possession d'une Égyptienne, est une épave certainement. Je puis donc la confisquer sans scrupule, et j'en emploierai le produit à l'approvisionnement du garde-manger, qu'il sera plus facile de vider que de remplir. Grace au ciel, mon expérience militaire m'a appris à avoir les doigts alertes; c'est la loi de la guerre. — Après tout cependant, je ferais mieux de montrer cette bague à Markham Everard, et de lui demander son avis. Je le regarde à présent comme un savant avocat en ce qui concerne les affaires de miss Alice, et comme un vrai docteur pour ce qui regarde l'Église, l'État et sir Henry Lee; je permets qu'on donne mes nombles aux chiens pour leur curée, si l'on trouve que j'accorde ma confiance sans qu'elle soit bien placée.

CHAPITRE XIX.

« Connaissant peu ces lieux, qui, pour un étranger,
» Sans guide, sans amis, ne sont pas sans danger. »
SHAKSPEARE, *La Soirée des rois.*

Lorsque l'heure du dîner fut arrivée, quelques démonstrations d'apparat prouvèrent que, dans l'opinion de ses serviteurs, peu nombreux, mais fidèles, le bon chevalier était rentré chez lui en triomphe.

La grande coupe (1), qui représentait en bas-relief saint Michel foulant aux pieds Satan, fut placée sur la table, et Jocelin et Phœbé debout, le premier derrière le fauteuil de sir Henry, la seconde derrière la chaise de sa jeune maîtresse, remplissaient leurs fonctions avec une régularité respectueuse, et une activité qui sup-

(1) Tankard (grand pot à couvercle.) — Éd.

pléait au manque d'un plus grand nombre de domestiques.

—A la santé du roi Charles, dit le vieux chevalier en présentant à sa fille le tankard plein d'ale. Buvez, ma chère Alice, quoique ce soit un breuvage rebelle qu'on nous ait laissé; je vous ferai raison ensuite; car la santé que nous portons ferait passer la liqueur, quand même ce serait le vieux Noll lui-même qui l'aurait brassée.

Miss Lee prit la coupe des mains de son père, y trempa à peine ses lèvres, et la remit au vieux chevalier, qui la replaça sur la table après l'avoir rendue beaucoup plus légère.

—Je ne dirai pas grand bien leur fasse, dit-il; mais je dois convenir que les marauds boivent de bonne ale.

—Cela n'est pas étonnant, monsieur, dit Jocelin; la drêche ne leur coûte que la peine de la prendre, et ils ne l'épargnent pas.

—Est-ce ainsi que tu parles? dit sir Henry. Eh bien! tu videras la coupe, pour te récompenser de ce bon mot.

Le garde forestier ne se fit pas presser pour boire à son tour à la santé du roi. Il salua son maître pour le remercier en remettant le pot sur la table, et dit en jetant un regard de triomphe sur le bas-relief :

—Il n'y a qu'un moment que j'ai dit mon mot à ce même Habit-Rouge, relativement à ce saint Michel.

—Habit-Rouge! s'écria l'impétueux vieillard,—quel Habit-Rouge?— y a-t-il encore quelqu'un de ces drôles à Woodstock?—Fais lui descendre l'escalier d'un seul saut, Jocelin, fais-le sauter par une fenêtre.

—Sauf respect, Votre Honneur, il est resté pour affaires, et il est sur le point de partir.—C'est celui.....

celui qui a eu une rencontre avec Votre Honneur dans une allée du parc.

— Ah! mais je lui ai bien donné la monnaie de sa pièce dans le vestibule, comme tu l'as vu toi-même.— Jamais je ne m'étais trouvé mieux disposé pour l'escrime, Jocelin.—Mais ce drôle au fond n'est pas un coquin aussi déterminé que la plupart de ses camarades; —il se bat bien,—parfaitement bien. Je serais charmé de te voir faire assaut d'armes avec lui demain matin dans le vestibule; mais je crois qu'il est trop fort pour toi. — Je connais ta force, Jocelin.

Il pouvait parler ainsi avec quelque vérité, car il avait coutume de s'escrimer lui-même au fleuret avec Jocelin assez fréquemment; Jocelin en pareil cas avait soin de ne déployer qu'autant de force et d'adresse qu'il en fallait pour que la victoire ne parût pas trop facile; et, en serviteur discret, il laissait toujours à son maître les honneurs du triomphe.

— Et que disait cette Tête-Ronde du saint Michel ciselé sur cette coupe? demanda le chevalier.

— Sur ma foi! il se gaussait de notre bon saint, et disait qu'il ne valait guère mieux qu'un des veaux d'or de Béthel. Mais je lui ai répondu que, pour parler ainsi, il ferait mieux d'attendre qu'un de ses saints à tête ronde eût mis le diable sous ses pieds, comme saint Michel fait sur cette coupe. Je crois que c'en était bien assez pour le faire taire. Et ensuite il voulait savoir si Votre Honneur et miss Alice, pour ne rien dire de la vieille Jeanne et de moi, puisque c'est le bon plaisir de Votre Honneur que nous couchions ici, — vous n'aviez pas peur de coucher dans une maison qui a été tellement troublée. Mais je lui ai répondu que nous ne redoutions pas le diable, vu qu'on nous lisait tous les soirs les prières de l'Église.

—Avez-vous perdu l'esprit, Jocelin? s'écria Alice; ne savez-vous pas à quel risque pour nous et pour lui-même le bon docteur s'acquitte de ce devoir?

—Ah! miss Alice, répondit Jocelin un peu déconcerté, vous pouvez être bien sûre que je ne lui ai pas dit un seul mot du docteur. Non, non, je ne lui ai pas confié le secret que nous avons ici un révérend chapelain.— D'ailleurs je connais la longueur du pied de cet homme; —nous avons levé le coude de compagnie, et nous sommes ensemble comme les deux doigts de la main, tout fanatique qu'il est.

—Ne lui accorde pas trop de confiance, dit le chevalier; je crains même que tu n'aies déjà commis quelque imprudence, et qu'il ne soit dangereux pour le digne homme de venir ici à la nuit tombante comme nous l'avions arrangé. Ces Indépendans ont un nez comme les chiens de chasse, et ils savent flairer un royaliste, quelque déguisement qu'il prenne.

—Si Votre Honneur pense ainsi, dit Jocelin, je veillerai à la sûreté du docteur. Je le ferai entrer par la vieille poterne condamnée, et je l'amènerai dans cet appartement où ce Tomkins n'aura jamais l'audace de se présenter; de sorte que, sans qu'il en sache rien, le docteur pourra avoir un lit à la Loge. Ou, si Votre Honneur trouve que cela ne soit pas assez sûr, je puis lui chercher dispute et lui couper la gorge. Je m'en soucie comme d'une épingle.

—A Dieu ne plaise! s'écria Henry, il est sous notre toit, et il est notre hôte, quoique sans avoir été invité.

—Va, Jocelin, ce sera ta pénitence, pour avoir donné

trop de licence à ta langue, de veiller sur le docteur et de prendre soin de sa sûreté tant qu'il sera avec nous. Une ou deux nuits d'octobre passées dans la forêt seraient la fin du brave homme.

— Il est probable qu'il verra la fin de notre *octobre* (1) avant qu'octobre voie la sienne, dit Jocelin en se retirant, pendant que son patron souriait d'un air encourageant. Il siffla pour appeler Bevis, afin qu'il fît le guet avec lui, et, s'étant informé où il trouverait le ministre, il promit à son maître qu'il en prendrait le plus grand soin.

Quand les domestiques se furent retirés après avoir desservi, le vieux chevalier, s'enfonçant dans son fauteuil, se livra à des rêveries plus agréables que celles qui s'étaient présentées depuis quelque temps à son imagination; le sommeil vint le surprendre. Sa fille, n'osant marcher que sur la pointe des pieds, alla prendre quelque ouvrage à l'aiguille, et, s'asseyant près du vieillard, elle se mit au travail, tournant de temps en temps les yeux sur son père avec un zèle affectueux, sinon avec la céleste influence d'un ange gardien. Enfin le jour baissa, la nuit arriva, et elle était sur le point de sonner Phœbé pour lui demander de la lumière ; mais, se rappelant combien son père avait été mal couché dans la chaumière de Jocelin, elle ne put se déterminer à interrompre le premier sommeil paisible et réparateur dont il eût probablement joui depuis deux jours entiers.

Assise en face d'une grande fenêtre, celle d'où Wildrake avait vu Tomkins et Jocelin faisant leurs libations, elle ne pouvait plus s'occuper qu'à regarder les nuages

(1) C'est-à-dire de la bière brassée en octobre. — Éd.

qu'un vent léger tantôt amenait devant le disque de la lune, tantôt chassait plus loin, en rendant à cet astre tout son éclat. Je ne sais quel charme particulier a pour l'imagination la reine de la nuit, voguant en quelque sorte au milieu de vapeurs qu'elle n'a pas la force de dissiper, et qui, elles-mêmes, ne peuvent venir à bout d'éclipser entièrement sa lumière. C'est une image de la vertu qui, armée de patience, poursuit tranquillement sa carrière au milieu des éloges et des calomnies, douée de cette excellence qui devrait commander l'admiration générale, mais qui est obscurcie aux yeux du monde par l'infortune et l'injustice.

Tandis que quelques réflexions semblables se présentaient peut-être à l'imagination d'Alice, elle vit avec autant de surprise que d'alarme que quelqu'un avait grimpé à la fenêtre, et regardait dans la chambre. Aucune crainte d'apparition surnaturelle n'agita son cœur un seul instant; ses yeux étaient trop accoutumés aux lieux dans lesquels elle se trouvait, car on ne voit guère de spectres au milieu des scènes où se passa notre enfance. Mais dans un pays encore agité, les maraudeurs pouvaient donner des sujets de crainte, et cette pensée arma Alice d'un tel courage, qu'elle saisit un pistolet suspendu à la muraille avec quelques autres armes à feu, et, tout en appelant son père à grands cris, elle eut la présence d'esprit de diriger le canon vers la fenêtre. Elle fit ce mouvement avec d'autant plus de promptitude, que dans les traits qu'elle ne voyait qu'obscurément et en partie, elle crut trouver quelque ressemblance avec ceux de la femme suspecte qu'elle avait rencontrée à la fontaine de Rosemonde.

Son père, s'éveillant en sursaut, prit son épée, et cou

rut à la croisée. Alarmé de ces démonstrations hostiles, l'individu qui se trouvait à la fenêtre, quelque fût son sexe, voulut descendre à la hâte; mais le pied lui manqua, comme cela était arrivé dans une autre occasion au cavalier Wildrake, et il tomba avec grand bruit. L'accueil qu'il reçut sur le sein de notre mère commune ne fut ni doux ni obligeant, car un aboiement terrible annonça que Bevis était survenu, et qu'il l'avait saisi avant qu'il eût le temps de se relever (1).

— Tiens bien! mais ne mords pas, s'écria le vieux Cavalier. — Alice, tu es la reine de ton sexe! reste ici pendant que je vais descendre pour m'assurer de ce drôle.

— Non, mon père! n'en faites rien, pour l'amour du ciel! s'écrie Alice; Jocelin sera ici dans un instant. — Écoutez! — J'entends sa voix.

On entendait effectivement parler sous la croisée, on y voyait deux lumières qui changeaient de place, et ceux qui les portaient, comme s'ils eussent voulu n'être entendus que de ceux à qui ils parlaient, ne s'adressaient la parole qu'à voix basse. L'individu à qui Bevis ne permettait pas de se relever était impatient, et disait avec moins de précaution :

— Lee, — garde forestier, — faites retirer ce chien, ou il faut que je lui tire un coup de pistolet.

— Garde-t'en bien, s'écria le vieux chevalier, ou je te brûle la cervelle à l'instant même. — Au voleur, Jocelin, au voleur! — Arrive donc, Jocelin, et arrête ce brigand! — Tiens bien, Bevis, tiens bien!

— A bas, Bevis! à bas, monsieur! s'écria Jocelin. —

(1) Sujet de la vignette de ce volume.

Je viens, sir Henry, je viens. — Par saint Michel! j'en perdrai l'esprit.

Une pensée terrible se présenta tout à coup à l'esprit d'Alice. Jocelin les aurait-il trahis, puisqu'il ordonnait à Bevis de lâcher prise au lieu d'encourager le chien fidèle à ne pas laisser échapper celui qu'il tenait? Son père, concevant peut-être quelque soupçon du même genre, s'écarta à la hâte de la croisée éclairée par la lune, tira sa fille près de lui, et se plaça dans l'obscurité, de manière à pouvoir entendre tout ce qui se passait au dehors. Bevis semblait avoir relâché son prisonnier, grace à l'intervention de Jocelin, et plusieurs personnes parlaient à voix basse comme si elles se fussent consultées sur ce qu'elles avaient à faire.

— Tout est tranquille à présent, dit une voix; je vais monter et vous préparer le chemin.

Au même instant un homme parut à l'extérieur de la croisée, ouvrit la fenêtre et sauta dans l'appartement. Mais à peine avait-il touché la terre, ou du moins avant qu'il eût encore le pied assuré, le vieux chevalier, qui avait sa rapière nue à la main, en porta à l'inconnu un coup si furieux que celui-ci en fut renversé.

Jocelin, qui le suivait une lanterne sourde à la main, n'eut pas plus tôt vu ce qui venait de se passer qu'il poussa un cri terrible.

— Dieu du ciel! il a tué son fils!

— Non, non, — je vous dis que non! s'écria le jeune homme encore par terre, qui était véritablement Albert Lee, fils unique du vieux chevalier; — je ne suis pas blessé. — Pas de bruit, sur votre vie! — De la lumière bien vite.

En même temps il se releva aussi promptement qu'il

le put, son habit et son manteau étant attachés ensemble par la lame de la rapière, qui, fort heureusement pour Albert, avait passé sous son bras en perçant ses vêtemens; c'était la poignée qui avait frappé si fortement sur les côtes pendant qu'il était encore mal assuré sur ses jambes.

Pendant ce temps Jocelin enjoignit le silence à tout le monde au nom de tout ce qui se présentait à son imagination. — Silence si vous voulez vivre longuement sur la terre! — Silence si vous voulez avoir une place dans le ciel! — Silence quelques instans! — notre vie à tous en dépend.

Cependant il se procura des lumières avec une promptitude incroyable, et l'on vit alors que sir Henry, en entendant les paroles fatales qu'avait prononcées Jocelin en arrivant, était tombé à la renverse sur un grand fauteuil, où il était étendu sans mouvement, pâle et sans aucun signe de vie.

— O mon frère, s'écria Alice, comment est-il possible que vous soyez entré de cette manière?

— Ne me faites pas de questions, répondit Albert. Juste ciel! à quoi suis-je réservé! En parlant ainsi il regardait son père, dont les traits offraient l'immobilité d'une statue, dont les bras pendaient sans force à ses côtés, et qui ressemblait à l'image de la mort sur un monument. — Ma vie n'a-t-elle été épargnée, ajouta son fils en levant les mains vers le ciel avec un geste de désespoir, que pour que je fusse témoin d'un spectacle tel que celui-ci!

— Nous souffrons ce que le ciel permet, jeune homme; — nous endurons la vie tant qu'il plait au ciel de nous la conserver, dit le même ministre qui avait lu les prières du soir dans la hutte de Jocelin, et qui s'avança en ce moment. — Permettez-moi d'approcher, et donnez-moi de l'eau sur-le-champ.

Alice, avec cette tendresse active qui ne s'abandonne pas aux lamentations tant qu'elle peut conserver quelque espoir, sortit à la hâte de l'appartement, et y rentra presque au même instant avec ce que demandait le bon ministre.

— Ce n'est qu'un évanouissement, dit-il en tâtant le pouls de sir Henry, un évanouissement causé par une émotion si peu attendue. — Prenez courage, Albert; je vous garantis que ce n'est qu'une syncope. — Un bassin et un bandage ou un ruban, ma chère Alice; il faut que je lui tire du sang. — Ayez aussi quelques aromates, s'il est possible.

Mais pendant qu'Alice préparait tout ce que demandait le ministre, qu'elle dégageait doucement le bras de son père de la manche de son habit, et qu'elle semblait même deviner et prévenir tous les ordres du révérend docteur, son frère, n'entendant aucune parole de consolation, ne voyant aucun signe d'espérance, restait debout, immobile, les mains jointes et élevées en l'air, muet de désespoir : tous ses traits exprimaient cette pensée : — Voilà le cadavre de mon père, et c'est moi qui, par mon imprudence, l'ai tué.

Mais lorsque le sang, après le coup de lancette, tomba d'abord goutte à goutte, et ensuite coula plus librement; lorsque après qu'on lui eut frotté les tempes avec de l'eau fraîche, et fait respirer l'odeur de quelques aromates, le vieillard poussa un faible soupir, et fit un effort pour remuer ses membres, Albert changea tout à coup d'attitude, se précipita aux pieds du ministre et il aurait baisé, si celui-ci l'eût permis, le pan de son vêtement et jusqu'à ses souliers.

— Levez-vous, jeune insensé, dit le digne homme d'un ton de reproche; serez-vous donc toujours le même? — Fléchissez le genou devant Dieu, et non devant le plus faible de ses instrumens. — Vous avez déjà été préservé d'un grand danger; si vous voulez mériter les bontés du ciel, songez dans quel dessein il vous a conservé. — Retirez-vous avec Jocelin; souvenez-vous du devoir que vous avez à remplir, et soyez assuré que votre père s'en trouvera mieux s'il ne vous voit pas d'ici à quelques minutes. — Descendez sur-le-champ, et amenez ici celui qui vous accompagne.

— Je vous remercie, — je vous remercie mille fois! s'écria Albert; et sautant sur la fenêtre il disparut aussi inopinément qu'il était arrivé, Jocelin le suivant par le même chemin.

Alice, dont les craintes pour la vie de son père étaient alors moins vives, voyant le nouveau mouvement qui venait de s'opérer sur la scène, ne put s'empêcher de dire au vénérable ministre: — Bon docteur, répondez à une seule question: — Mon frère Albert était-il ici tout à l'heure, ou ai-je rêvé tout ce que j'ai cru voir se passer depuis dix minutes? Si je ne vous voyais, je serais tentée de croire que tout cela n'est qu'un rêve, ce coup d'épée terrible, — ce vieillard, image de la mort, — ce jeune homme en proie à un désespoir muet. — Il faut que j'aie rêvé.

— Si vous avez rêvé, ma chère Alice, répondit le docteur, il serait à désirer que toutes les femmes qui soignent les malades rêvassent comme vous, tant vos soins pour notre malade ont été administrés à propos.

Mais votre songe est sorti par la porte de corne (1), ma chère amie, allusion que vous me ferez souvenir de vous expliquer à loisir. — Oui, vous avez réellement vu Albert, et vous ne tarderez pas à le revoir.

— Albert! répéta sir Henry; qui parle de mon fils?

— C'est moi, mon bon patron. — Permettez que j'achève de vous bander le bras.

— Ma blessure? — de tout mon cœur, répondit sir Henry en se soulevant, et en reprenant ses forces peu à peu. Il y a long-temps que je sais que vous êtes aussi bon médecin des corps que des ames, et je me souviens que, dans mon régiment, vous serviez de chirurgien comme de chapelain. — Mais où est le drôle que j'ai tué? — De ma vie je n'ai porté un plus beau coup d'estramaçon. — Ma rapière lui est entrée dans le corps jusqu'à la garde. — Il doit être mort, ou ma main droite a oublié son métier.

— Personne n'est mort, dit le docteur, et nous devons en rendre grace à Dieu, puisqu'il n'y avait que des amis à tuer. Mais un manteau et un habit ont reçu une blessure qui exigera quelque talent de la part du tailleur. — C'est moi qui ai été votre dernier antagoniste, et je vous ai tiré quelques gouttes de sang, uniquement pour vous mettre en état de supporter la surprise et le plaisir de revoir votre fils, qui, quoique

---

(1) *Sunt geminæ Somni portæ, quarum altera fertur*
Cornea, quâ veris facilis datur exitus umbris.

Virg. Æneid. lib. VI, 894-95.

— Le palais du Sommeil a deux portes, dont l'une est, dit-on, de corne, et sert d'issue aux rêves véritables. — Vers que nous nous permettons de traduire, puisque le docteur Rochecliffe n'y avait pas pensé. — Éd.

poursuivi de près, comme vous pouvez bien le supposer, a trouvé le moyen de revenir de Worcester, et, avec l'aide de Jocelin, j'espère que nous protégerons sa sûreté. — C'est pour cette raison que je vous ai invité à accepter la proposition que vous a faite votre neveu de revenir à la Loge, où une centaine d'hommes pourraient rester bien cachés pendant qu'un millier d'autres chercheraient à les y découvrir. Jamais il n'y a eu un tel endroit pour jouer à cache-cache, comme je le prouverai quand je pourrai publier mes — Merveilles de Woodstock.

— Mais mon fils, mon cher Albert, pourquoi ne le vois-je pas? Pourquoi ne m'avez-vous pas informé d'avance de cet heureux événement?

— Parce que je n'étais pas bien certain de ses mouvemens. Je croyais plus probable qu'il chercherait à gagner les bords de la mer; et il me paraissait plus convenable d'attendre, pour vous en donner des nouvelles, que je fusse sûr qu'il était à bord d'un bâtiment, et à la voile pour la France. Nous étions convenus que je vous apprendrais tout en arrivant ici ce soir. Mais il y a un Habit-Rouge dans le château, et nous ne voulions pas nous fier à lui plus que de raison. Nous n'osâmes donc pas nous hasarder dans le vestibule, et comme nous rôdions autour du bâtiment, Albert nous dit que, lorsqu'il était encore bien jeune, il s'était souvent amusé à rentrer dans le château par cette fenêtre. Un jeune homme qui était avec nous voulut en faire l'épreuve ne voyant pas de lumière dans la chambre, et le clair de lune nous exposant à être découverts où nous étions. Le pied lui glissa, il est tombé; notre ami Bevis est survenu, et voilà toute l'histoire.

— Dans le fait, vous avez agi avec trop de simplicité. Attaquer une garnison avant de lui avoir fait une sommation ! — Mais tout cela n'est rien auprès de mon fils. — Où est-il ? — Pourquoi ne le vois-je pas ?

— Un peu de patience, sir Henry ; attendez que vos forces.....

— Au diable mes forces! s'écria le vieux chevalier reprenant par degrés l'impétuosité de son caractère; ne vous rappelez-vous pas que je suis resté étendu une nuit entière sur le champ de bataille d'Edgehill, saignant de cinq larges blessures, et que je portais les armes six semaines après ? Et vous me parlez de quelques gouttes de sang, d'une égratignure qu'aurait pu faire la patte d'un chat ?

— Eh bien, dit le docteur, puisque vous vous sentez tant de courage, j'irai chercher votre fils ; — il n'est pas bien loin.

A ces mots, il sortit de l'appartement en faisant signe à Alice de rester près de son père, de crainte que quelques symptômes de faiblesse ne reparussent.

Il fut peut-être heureux que sir Henry ne parût jamais se rappeler la nature précise de l'alarme qui avait subitement, et comme par un coup de foudre, suspendu momentanément toutes ses facultés. Il parla encore plus d'une fois de l'effet fatal qu'avait dû produire son coup d'estramaçon, comme il l'appelait ; mais son esprit ne lui présenta jamais son fils comme étant celui qui avait couru ce danger. Alice, charmée de voir que son père semblait avoir oublié une circonstance si terrible, — comme on oublie souvent la cause physique ou morale qui a fait perdre connaissance, — fit valoir la confusion du moment pour se dispenser de jeter du jour sur cette affaire; et au bout de quelques minutes Albert mit fin à toutes les questions du vieux chevalier en entrant dans la chambre avec le docteur, et en se précipitant tour à tour dans les bras de son père et dans ceux de sa sœur.

CHAPITRE XX.

« Ce jeune homme est, — drôle, voyons, — eh bien,
» Quel est ton nom ? — Jacob. — Je m'en souviens. »

CRABBE.

Tous les membres de la famille Lee se trouvaient alors réunis comme des parens qui se chérissent tendrement, et qui, après avoir essuyé quelque grande calamité, goûtent du moins une sorte de bonheur à la supporter ensemble. Ils s'embrassèrent et se livrèrent à tous ces épanchemens qui soulagent l'esprit et le cœur. Enfin l'émotion commença à se calmer; et sir Henry, tenant encore la main du fils qui venait de lui être rendu, reprit tout l'empire qu'il avait ordinairement sur lui-même.

— Ainsi tu as vu la dernière de nos batailles, Albert, dit-il à son fils, et les étendards du roi ont tombé pour toujours devant les rebelles ?

— Cela n'est que trop vrai, répondit Albert. C'était un dernier coup de dés, et malheureusement nous avons perdu la partie. La fortune de Cromwell l'a emporté à Worcester comme partout où il s'est montré.

— Cela ne durera pas toujours, — non, cela ne durera pas toujours. Le diable, dit-on, a tout pouvoir pour élever ses favoris et les combler de biens; mais il ne peut leur en accorder une longue jouissance. — Et le roi, Albert? — Le roi? — Le roi? — Parle-moi à l'oreille, — tout bas, tout bas!

— Nos dernières nouvelles disaient qu'il s'était embarqué à Bristol.

— Dieu en soit loué! — Dieu en soit loué! — Où l'as-tu laissé?

— Presque toutes nos troupes furent taillées en pièces au passage du pont; je suivis le roi avec environ cinq cents officiers résolus à mourir autour de lui. Mais une escorte si nombreuse nous faisant poursuivre d'autant plus vivement, Sa Majesté jugea à propos de nous congédier, en nous faisant à tous ses remerciemens en général et en adressant à chacun de nous en particulier quelques expressions obligeantes. — Elle m'a spécialement chargé, mon père, de vous apporter ses salutations royales, et m'a parlé à moi-même en des termes trop flatteurs pour que je me permette de les répéter.

— Que t'a dit Sa Majesté? — Je veux le savoir. — La certitude que tu as fait ton devoir, et que le roi Charles en convient, ne suffit-elle pas pour me consoler de tout ce que nous avons perdu et souffert? Voudrais-tu me priver de cette consolation par une fausse modestie? Que t'a-t-il dit, encore une fois? faut-il que je t'arrache les paroles de la bouche?

— Une telle violence ne sera pas nécessaire, mon père. — Sa Majesté a daigné me charger de dire à sir Henry Lee que, si son fils ne pouvait jamais le devancer dans la carrière de la loyauté, il l'y suivait du moins pas à pas, et se trouverait bientôt au même rang.

— Il t'a dit cela! — Le vieux Victor Lee te regardera avec orgueil, Albert. — Mais j'oublie..... tu dois être fatigué, — avoir besoin de souper?

— Cela est vrai, mon père; mais la fatigue et la faim sont deux choses que j'ai appris à oublier depuis quelque temps pour songer à ma sûreté.

— Jocelin! hé, Jocelin!

Le garde forestier arriva, et reçut ordre de faire servir le souper sans délai.

— Et qu'on se dépêche, ajouta le vieux chevalier, car mon fils et le docteur Rochecliffe sont à demi affamés.

— Et il y a aussi là-bas, répondit Jocelin, un jeune homme, — un page du colonel Albert, à ce qu'il dit, — dont le ventre sonne terriblement creux. Je crois qu'il avalerait un cheval avec la selle, comme on dit dans le comté d'York. Il a déjà dévoré un pain tout entier, sans laisser à Phœbé plus de temps qu'il n'en fallait pour en faire des tartines; encore dit-il qu'à peine il y paraît à son estomac. — Au surplus, je crois que vous feriez bien de le garder sous vos yeux, car s'il paraît à l'office, Tomkins pourrait lui faire quelques questions embarrassantes. D'ailleurs il est impatient comme le sont tous les pages, et il se met trop à l'aise avec Phœbé.

— De qui parle-t-il? demanda sir Henry à son fils. — Quel est ce page que tu as pris et qui se conduit si mal?

— Le fils d'un ami qui m'est cher, d'un noble lord

écossais, qui a suivi la bannière du grand Montrose, qui a ensuite rejoint le roi en Écosse, et qui l'a accompagné jusqu'à Worcester. Blessé dangereusement la veille de la bataille, cet ami me conjura de me charger de veiller à la sûreté de ce jeune homme. Je le lui promis, un peu contre mon gré, mais je ne pouvais refuser à un père, qui était peut-être sur son lit de mort, de protéger encore son fils unique.

— Tu aurais mérité la corde si tu avais hésité. — Le plus petit arbrisseau peut donner quelque ombre; j'ai du plaisir à penser que la vieille souche de Woodstock n'est pas encore tout-à-fait abattue, ni hors d'état de fournir un abri à qui en a besoin. — Fais venir ce jeune homme : il est de noble condition; et d'ailleurs, dans un temps comme celui-ci, il n'est guère question de cérémonial : il soupera avec nous, tout page qu'il est. Et si tu ne lui as pas encore donné assez de leçons sur la manière dont il doit se comporter, il ne se trouvera peut-être pas mal d'en recevoir quelques-unes de moi.

— Vous excuserez son accent national, mon père; car je sais que vous ne l'aimez pas.

— Ce n'est pas sans raison, Albert; ce n'est pas sans raison. — Qui a causé toutes nos dissensions ? — Qui a fortifié la cause du parlement quand elle touchait à sa ruine ? Les Écossais ? — Qui a abandonné un roi né en Écosse, et qui s'était confié à la protection de ses concitoyens ? — Encore les Écossais. — Mais le père de ce jeune homme a combattu sous le noble Montrose, dis-tu; et un homme tel que le grand marquis peut faire oublier la dégénération de tout un peuple.

— Sans doute, mon père; et je dois ajouter que, quoique ce jeune homme soit étrange, fantasque, et même un peu volontaire, le roi n'a pas un ami plus zélé dans toute l'Angleterre, et toutes les fois que l'occasion s'en est offerte, il a combattu pour lui avec courage. — Pourquoi donc ne vient-il pas?

— Il sort du bain, dit Jocelin en partant, et il n'a pas fallu le lui faire attendre; il a dit que le souper pourrait être préparé pendant ce temps. Il commande à tout le monde comme s'il était dans le vieux castel de son père, où je réponds qu'il appellerait long-temps avant de trouver personne pour lui répondre.

— Oui-da! dit sir Henry en s'adressant à son fils: il paraît que c'est un jeune coq qui a appris à chanter de bonne heure. Quel est son nom?

— Son nom! dit Albert, je l'oublie à chaque instant, tant il est dur à prononcer. Son nom est Kerneguy, Louis Kerneguy; et son père se nomme lord Killstewers de Kincardineshire.

— Ce Kerneguy, Kilstewers, et Kin..... Kin quoi? — Sur ma foi, les noms et les titres de ces gens du nord sentent leur origine. Ils ont l'air d'un vent du nord-ouest qui siffle à travers les bruyères et les rochers.

— C'est, dit le docteur Rochecliffe, l'âpreté des dialectes celtique et saxon, qui, suivant Verstegan, subsiste encore dans les parties septentrionales de notre île. Mais silence, voici le souper qui arrive, et avec le souper maître Louis Kerneguy.

Le souper arrivait effectivement, apporté par Jocelin et Phœbé, et après eux, appuyé sur un gros bâton noueux, le nez en l'air comme un chien qui flaire la voie du gibier, car son attention semblait fixée sur les plats qui le précédaient plutôt que sur toute autre chose, marchait maître Kerneguy, qui s'assit, sans beaucoup de cérémonie, au bas bout de la table.

C'était un jeune homme de grande taille, maigre, et, comme beaucoup de ses concitoyens, ayant les cheveux d'un rouge ardent; son teint, devenu presque noir à force d'avoir été exposé au vent, à la pluie, au froid et au soleil, sort assez commun aux royalistes fugitifs, faisait ressortir encore davantage la dureté de ses traits nationaux. Son abord n'avait rien de bien prévenant, car il offrait un mélange de gaucherie et d'effronterie qui prouvait, à un degré remarquable, qu'on peut être dépourvu d'aisance, et avoir cependant un fond admirable d'assurance. Son visage, ayant probablement reçu récemment quelques égratignures, était décoré d'un certain nombre de mouches noires, de la façon du docteur Rochecliffe, et qui rendaient encore plus remarquable sa laideur; car on pouvait donner ce nom à ses traits irréguliers. Cependant il avait les yeux brillans et expressifs, et l'on distinguait sur sa physionomie quelques traits qui indiquaient la résolution et la sagacité.

Le costume d'Albert lui-même était fort au-dessous de sa qualité, soit comme fils de sir Henry Lee, soit comme colonel d'un régiment au service du roi; mais celui de son page était encore plus mesquin : une mauvaise jaquette verte à laquelle le soleil et la pluie avaient donné cent nuances différentes, de sorte qu'il eût été impossible de reconnaître sa couleur primitive, — de gros souliers à semelles épaisses, — des culottes de peau comme en portaient les bûcherons, — de gros bas de laine grise tricotés ; — telle était la parure de l'honorable jeune homme; il y joignait un agrément de plus, celui de boiter, ou du moins de trainer une jambe, ce qui ajoutait à la gaucherie de ses manières, et montrait en même temps combien il avait souffert. En un mot tout son extérieur était si près du burlesque qu'Alice même n'aurait pu retenir un sourire si elle n'eût été retenue par un sentiment de compassion.

Le *benedicite* ayant été prononcé, le jeune Albert Lee de Ditchley et le docteur Rochecliffe firent honneur au souper de manière à prouver qu'ils n'avaient pas trouvé tous les jours un pareil repas, tant pour la qualité des mets que pour leur abondance. Mais leurs exploits n'étaient que des jeux d'enfans près des hauts faits du jeune Écossais. Bien loin que les nombreuses tartines qu'il avait déjà expédiées eussent lesté son estomac, il faisait preuve d'un appétit qui semblait aiguisé par une neuvaine de jeûne. Le vieux chevalier, en le voyant, était disposé à croire que le génie de la famine, sorti de ses régions natales du nord, était venu en personne l'honorer d'une visite; tandis que maître Kerneguy, comme s'il eût craint de se distraire un instant de son occupation importante, semblait n'avoir des yeux que pour son assiette, et une langue que pour faciliter la mastication et la déglutition.

— Je suis charmé que vous ayez apporté un si bon appétit pour notre ordinaire frugal, jeune homme, dit sir Henry.

— Un bon appétit, monsieur! dit le page avec un accent écossais très-prononcé; je puis vous en fournir un semblable tous les jours de l'année, si vous voulez lui trouver de la pâture. Mais la vérité est que mon appétit s'est mis en fonds depuis trois à quatre jours, car la viande est rare dans votre contrée du midi, et il n'est pas facile de s'en procurer. Aussi, monsieur, je répare le temps perdu, comme disait le joueur de cornemuse de Sligo après avoir mangé la moitié d'un mouton.

— Vous avez été élevé à la campagne, jeune homme, dit le chevalier, qui, comme d'autres seigneurs de son temps, tenait les rênes de la discipline un peu serrées à l'égard de la génération naissante, — du moins à en juger par les jeunes Écossais que j'ai vus à la cour du feu roi, dans des jours plus heureux. — Ils avaient un peu moins d'appétit, et beaucoup plus de... de...

Tandis qu'il cherchait une périphrase pour exprimer un peu moins crûment le mot de savoir-vivre, le page finit la phrase à sa manière.

— Beaucoup plus de bonne chère, dit-il, cela est possible ; tant mieux pour eux.

Sir Henry le regarda en ouvrant les yeux, mais ne dit rien. Son fils parut croire qu'il était temps qu'il intervînt.

— Mon père, dit-il, pensez combien il s'est écoulé d'années depuis le commencement des troubles d'Écosse en 1638, et je suis sûr que vous ne serez pas surpris que, les barons écossais ayant été perpétuellement en campagne pour une cause ou pour une autre, l'éducation de leurs enfans ait été fort négligée, et que les jeunes gens de l'âge de mon ami soient plus habiles à manier une épée et à porter une pique qu'à s'acquitter des devoirs et des usages de la société.

— Cette raison est très-suffisante, répondit le chevalier, et puisque tu dis que ton ami Kernigo sait se battre, nous ne le laisserons pas manquer de vivres. — Au nom du ciel! vois comme il regarde du coin de l'œil cette longe de veau froide. — Pour l'amour de Dieu, mets-la tout entière sur son assiette.

— Le lardon ne m'empêchera pas de faire honneur à la longe, dit l'honorable maître Kerneguy ; chien affamé ne fait pas attention à un coup quand on le lui donne en lui jetant un os.

— Dieu me pardonne, Albert, dit sir Henry à son fils en baissant la voix, si c'est là le fils d'un pair écossais, je ne voudrais pas, ne serais-je qu'un valet de charrue d'Angleterre, changer de manières avec lui, quand il me donnerait en retour sa noblesse et son domaine, s'il en a un. — Aussi vrai que je suis chrétien, il a mangé quatre livres de bonne viande de boucherie, et avec la même grace qu'un loup qui ronge la carcasse d'un cheval mort. — Ah ! voilà qu'il va boire enfin ! — Oh ! oh ! il s'essuie la bouche ! il trempe ses doigts dans un verre d'eau ; — il les essuie à sa serviette. — Eh bien, après tout, ce n'est pas tout-à-fait un rustaud.

— Je bois à toutes vos bonnes santés, dit le jeune fils du noble écossais ; et il but en proportion des alimens solides qui avaient déjà pris les devans dans son estomac. Alors jetant gauchement son couteau et sa fourchette sur son assiette, il la poussa presque au milieu de la table, étendit les jambes par-dessous, de telle sorte que ses pieds posaient sur ses talons, et il s'appuya sur le dossier de sa chaise avec l'air d'un homme qui va siffler pour s'endormir.

— L'honorable maître Kernigo a enfin mis bas les armes, dit le chevalier. Allons, qu'on desserve et qu'on nous donne des verres. Remplis-les, Jocelin ; et quand le diable ou le parlement seraient à m'écouter, ils entendront Henry Lee de Ditchley boire à la santé du roi Charles et à la confusion de ses ennemis.

— Amen! dit une voix derrière la porte.

Tous les convives se regardèrent les uns les autres, surpris d'une réponse si peu attendue. Elle fut suivie de plusieurs coups frappés à la porte d'une manière particulière; espèce de langage de franc-maçonnerie qui s'était introduit parmi les royalistes, et par laquelle ils avaient coutume de faire profession de leurs principes, et de se faire reconnaître les uns des autres, quand ils se rencontraient par hasard.

— Il n'y a pas de danger, dit Albert, qui connaissait ce signe; c'est un ami, et cependant, en ce moment, je voudrais qu'il fût loin d'ici.

— Et pourquoi, mon fils, seriez-vous fâché de la présence d'un homme loyal, qui a peut-être besoin de partager notre abondance, dans une de ces occasions rares où nous avons du superflu? — Jocelin, va voir qui frappe ainsi, et si c'est un homme sûr, fais-le entrer.

— Et dans le cas contraire, dit Jocelin, je me flatte que je serai en état de l'empêcher de troubler la bonne compagnie.

— Pas de violence, sur votre vie, Jocelin! s'écria Albert.

— Pour l'amour du ciel, Jocelin, pas de violence! répéta Alice.

— Pas de violence, du moins sans nécessité, dit le vieux chevalier; car, si l'occasion l'exige, je saurai faire voir que je suis maître chez moi.

Jocelin fit un signe d'assentiment aux trois interlocuteurs, alla à la porte, et, avant de l'ouvrir, échangea, en frappant, deux ou trois autres signes mystérieux avec celui qui s'y présentait.

On peut remarquer ici que cette espèce d'association secrète, avec ses signes de reconnaissance et d'union, existait surtout parmi la classe la plus dissolue et la plus désespérée des Cavaliers ; — c'étaient la plupart des jeunes gens continuant à mener la vie déréglée à laquelle ils s'étaient accoutumés dans une armée mal disciplinée, où tout ce qui ressemblait à l'ordre et à la régularité était malheureusement regardé comme une marque de puritanisme ; — ces écervelés se réunissaient dans des cabarets borgnes; et, quand ils pouvaient par hasard se procurer un peu d'argent ou un peu de crédit, ils s'imaginaient amener une contre-révolution en déclarant leurs séances permanentes, et en chantant suivant le refrain d'une de leurs chansons les plus choisies :

> Nous boirons, sur ma foi,
> Jusqu'au retour du roi.

Les chefs d'un rang plus élevé et de mœurs régulières ne partageaient pas ces excès, mais ils avaient l'œil ouvert sur une classe d'hommes qui, par leur courage désespéré, étaient capables de servir, quand l'occasion s'en présenterait, la cause royale alors abattue. Ils tenaient donc note des tavernes et des auberges où ils se réunissaient, de même que les fabricans connaissent les cabarets fréquentés par les ouvriers qu'ils emploient, et savent où les trouver quand ils en ont besoin.

Il est à peine nécessaire d'ajouter que, dans la classe inférieure, et même dans la plus haute, il se trouvait des gens capables de trahir les projets et les complots bien ou mal combinés de leurs associés, et de les découvrir à ceux qui gouvernaient l'état. Cromwell en particulier s'était procuré quelques affidés de cette espèce qui jouissaient parmi les royalistes de la réputation la plus intacte, et s'ils se faisaient un scrupule de trahir et d'accuser nominativement ceux qui leur accordaient leur confiance, ils n'hésitaient pas à donner au gouvernement des renseignemens généraux, qui lui suffisaient pour déjouer toutes les conspirations.

Revenons-en à notre histoire. — En beaucoup moins de temps qu'il ne nous en a fallu pour donner à nos lecteurs ces détails historiques, Joliffe avait terminé ses communications mystérieuses; et, s'étant bien assuré que celui qui se présentait à la porte était un des initiés, il ouvrit, et l'on vit paraître notre ancien ami Roger Wildrake, Tête-Ronde, quant au costume, comme l'exigeaient sa sûreté et les fonctions qu'il remplissait près du colonel Everard; mais ce costume, qu'il portait en véritable Cavalier, contrastait d'autant plus avec les manières et le langage de celui qui en était revêtu.

Son chapeau puritain, emblème de celui de Ralpho (1) dans les gravures d'Hudibras, ou, comme il l'appelait, son parapluie de feutre, était enfoncé sur une oreille; comme si c'eût été un chapeau retroussé à l'espagnole, et orné d'une plume; son manteau de drap de couleur sombre, sans aucun ornement, était jeté négligemment sur une épaule, comme s'il eût été de taffetas doublé de soie cramoisie; et il faisait parade de ses grosses bottes en basane, comme si c'eût été une paire de bas de soie

---

(1) L'écuyer d'Hudribas, dans l'épopée burlesque de Butler.
  ÉD.

et des souliers de cuir d'Espagne, noués avec des rosettes. En un mot, il se donnait les airs d'un homme qui possédait la quintessence la plus pure de l'esprit des Cavaliers; son regard exprimait le contentement de lui-même, et l'effronterie inimitable de sa démarche trahissait son caractère avantageux, insouciant et inconsidéré, en opposition directe avec la gravité de son costume.

D'une autre part, en dépit de la teinte de ridicule qui s'attachait à son extérieur, et du peu d'égards qu'il avait pour la morale, suite de sa jeunesse déréglée à Londres et de son indiscipline dans les camps, Wildrake avait, sous certains rapports, de quoi se faire craindre et respecter. Avec toute son effronterie son visage avait de beaux traits; il montrait, en toute occasion, le courage le plus intrépide, quoique sa jactance eût pu quelquefois en faire douter; enfin il était fidèle à ses principes politiques, quoiqu'il fût assez imprudent pour les afficher trop publiquement, et que sa liaison avec le colonel Everard portât bien des gens sages à révoquer en doute sa sincérité.

Tel était Wildrake, qui s'avança en intrus dans l'appartement, d'un pas assuré, et avec l'air d'un homme qui se rend la justice de croire qu'il a droit à l'accueil le plus gracieux. Il est vrai que, si le joyeux Cavalier n'avait pas enfreint son vœu de ne boire à chaque repas qu'un seul coup, le vase qui contenait le dernier qu'il avait bu devait être d'une capacité prodigieuse.

— Bonjour, messieurs; bonjour. — Je vous salue, sir Henry Lee, quoique j'aie à peine l'honneur d'être connu de vous. — Salue, digne docteur, et puisse l'Église d'Angleterre se relever bientôt de ses ruines.

— Vous êtes le bienvenu, monsieur, dit sir Henry Lee, que son respect pour les lois de l'hospitalité et les égards qu'il croyait devoir à un royaliste compagnon d'infortune engagèrent à ne pas montrer son mécontentement de cette visite inattendue. Si vous avez combattu ou souffert pour le roi, monsieur, c'est une excuse valable pour vous joindre à nous, — quoique nous soyons en ce moment en famille, — et un motif pour attendre tous les services que nous pourrons vous rendre. — Mais je crois vous avoir vu à la suite de Markham Everard, qui prend le titre de colonel Everard. — Si vous m'apportez un message de sa part, vous désirez peut-être me parler en particulier?

— Nullement, sir Henry, nullement. — Oui, il est vrai que mon mauvais destin a voulu que, me trouvant du mauvais côté de la haie exposée au vent, comme tous les honnêtes gens, — vous m'entendez, sir Henry, — j'ai été trop heureux de me mettre à l'abri sous la protection d'un ancien ami, d'un camarade, — non en le flattant, monsieur, non en désavouant mes principes; — je défie qu'on me fasse un tel reproche, — mais en lui rendant tous les petits services que je puis sans me compromettre. Je passais donc par ici, ayant eu un message de sa part pour le vieux fils de p....... (1). — Mille pardons à cette jeune dame, depuis la pointe de ses cheveux jusqu'à la semelle de ses souliers : — pour le vieux coquin de Tête-Ronde, je voulais dire; et tandis que je cherchais mon chemin dans l'obscurité, vous ayant entendu, monsieur, porter une santé qui m'a

(1) Nous ne croyons pas pouvoir nous dispenser de répéter que ce langage n'est que trop fidèle à la couleur du temps. Voyez la *Vie de Dryden*, et les comédies de l'époque. — Éd.

échauffé le cœur, et qui l'échauffera jusqu'à ce que la mort l'ait glacé, j'ai pris la liberté de vous faire savoir qu'un honnête homme vous entendait.

Telle fut la manière caractéristique dont se présenta Wildrake. Le chevalier lui répondit en l'invitant à s'asseoir, et à boire à son tour à la glorieuse restauration de Sa Majesté. Wildrake se plaça aussitôt sans hésiter près du page écossais, et répondit à l'invitation de son hôte, non-seulement en buvant, mais en chantant, sans en être prié, quelques couplets de sa chanson favorite — *Le Roi reprendra sa couronne*. — L'expression qu'il mettait dans son chant lui ouvrit encore davantage le cœur du vieux chevalier, tandis qu'Albert et Alice se témoignaient, par quelques regards qu'ils s'adressaient à la dérobée, qu'ils étaient loin d'être charmés de la présence de cet intrus. Ou l'honorable maître Kerneguy possédait ce caractère d'indifférence qui ne daigne accorder aucune attention à de pareilles circonstances, ou du moins savait-il en prendre l'apparence à merveille, car il s'occupait à casser des noix qu'il arrosait de temps en temps d'un petit verre de vin, sans avoir l'air de s'apercevoir de l'augmentation de la compagnie. Wildrake, qui aimait le vin et la société, se chargea de faire les frais de la conversation en s'adressant à son hôte.

— Vous parlez de combats et de souffrances, sir Henry Lee, — Dieu sait que nous en avons tous eu notre part. Personne n'ignore ce qu'a fait sir Henry Lee sur le champ de bataille d'Edgehill, et partout où l'étendard royal a été déployé, partout où une épée loyale a été tirée. — Dieu sait que moi-même je ne suis pas resté les bras croisés. — Mon nom est Roger Wildrake, de Squattlesea-mere, comté de Lincoln ; — non que je croie probable qu'il vous soit connu ; mais j'étais capitaine dans la cavalerie légère de Lunsford, monsieur ; j'ai servi ensuite sous Goring. J'étais un *mangeur d'enfans*, monsieur.

— J'ai entendu parler des exploits de votre régiment, monsieur ; et, si nous passions dix minutes à causer ensemble, vous verriez peut-être que j'en ai aussi été témoin. — Je crois même que votre nom ne m'était pas inconnu. — Je bois à votre santé, capitaine Wildrake de Squattlesea-mere, comté de Lincoln.

— Je vais vider à la vôtre, sir Henry, ce verre d'une pinte, répondit Wildrake. Regardant tour à tour Albert et le page, il ajouta : — Et si je savais qui ils sont, j'en ferais volontiers autant pour monsieur, — désignant le premier, — et pour l'écuyer à la casaque verte, en supposant qu'elle soit verte, car mes yeux ne distinguent pas toujours les couleurs très-clairement.

Une partie remarquable de ce que les habitués des spectacles appelleraient l'aparté de cette scène, c'était qu'Albert causait à voix basse avec le docteur Rochecliffe, plus que celui-ci ne paraissait même en avoir envie ; cependant cette conversation, quel qu'en pût être le sujet, ne privait nullement le jeune colonel de la faculté d'écouter tout ce qui se disait, et même de placer son mot de temps en temps, comme un chien aux aguets, qui ne laisse pas échapper le moindre sujet d'alarme, même pendant l'occupation importante de prendre sa nourriture.

— Capitaine Wildrake, nous n'avons aucun motif, mon ami et moi, pour ne pas décliner nos noms quand l'occasion l'exige. Mais vous qui avez à vous plaindre des circonstances actuelles, monsieur, vous devez savoir que dans des réunions fortuites comme celle-ci on ne dit pas son nom sans nécessité. Si votre ami, votre protecteur, le capitaine ou le colonel Everard, s'il est colonel, vous faisait subir un interrogatoire sous serment, vous n'auriez la conscience tourmentée par aucun scrupule en lui répondant que vous ne connaissez pas les individus qui ont porté telle ou telle santé.

— Sur ma foi, monsieur, répondit Wildrake, j'ai encore un meilleur moyen de m'en tirer ; et c'est de ne pas me rappeler que telle ou telle santé ait été portée, quand il s'agirait de ma vie. — C'est un don d'oubli singulier dont je suis doué.

— Fort bien, monsieur, répondit Albert; mais nous qui avons malheureusement une mémoire plus tenace, nous serons charmés de nous en tenir aux règles générales.

— De tout mon cœur, monsieur, dit Wildrake, du diable si je veux forcer la confiance de personne. — Je ne parlais ainsi que par civilité, et pour boire à votre santé à la bonne mode. — Et il se mit à chanter :

> Que la santé passe à la ronde,
> Et quand même vous auriez tous
> Des bas de soie à vos genoux,
> Que les genoux de tout le monde
> Baisent la terre à la ronde
> En l'honneur de nos glougloux.

— En voilà assez, dit sir Henry à son fils ; maître Wildrake est de l'ancienne école, — un de ceux que nous appelions les garçons au grand-galop, et il faut leur passer quelque chose, car, s'ils boivent sec, ils se battent bien. Je n'oublierai jamais qu'un de leurs détachemens vint nous secourir fort à propos, nous autres Clercs d'Oxford, comme on appelait le régiment auquel j'appartenais, dans une maudite affaire pendant l'attaque de Brentford. Nous avions les piques des badauds de Londres en avant et en arrière, et nous nous en serions mal tirés si la cavalerie légère de Lunsford, les mangeurs d'enfans, comme on les appelait, ne nous eussent dégagés en faisant une charge.

— Je suis bien aise que vous y songiez, sir Henry, dit Wildrake; et vous rappelez-vous ce que dit l'officier commandant le détachement de Lunsford?

— Je crois m'en souvenir, répondit sir Henry en souriant.

— Eh bien, après l'affaire, quand un groupe de femmes nous entourait en hurlant comme des harpies qu'elles étaient, ne leur dit-il pas : — Y a-t-il quelqu'une de vous qui ait un enfant bien gras à nous donner pour déjeuner.

— C'est la vérité même; et une grosse femme s'avançant présenta au prétendu cannibale un enfant qu'elle tenait dans les bras.

Tous ceux qui étaient à table levèrent les mains en signe d'horreur et de surprise, à l'exception de maître Kerneguy, qui semblait penser que toute chair est bonne pour un estomac affamé.

— Oui, reprit Wildrake, la p..... — je demande encore pardon à la jeune dame, depuis le ruban de son bonnet jusqu'au dernier ourlet de sa robe, — mais la coquine était, comme je l'appris ensuite, une nourrice de charité qui avait reçu de la paroisse six mois d'avance pour la nourriture de l'enfant. — Morbleu! je l'arrachai des mains de cette louve, et je me suis si bien arrangé depuis ce temps, — quoique Dieu sache que j'ai moi-même été plus d'une fois au dépourvu, — que j'ai trouvé le moyen de faire élever mon petit Déjeuner, comme je l'appelle. — C'est pourtant payer un peu cher une plaisanterie.

— Monsieur, s'écria le bon chevalier, dont les yeux étaient humides, j'honore votre humanité, — j'estime votre courage, je suis ravi de vous voir ici, monsieur. Ainsi vous étiez l'officier commandant le détachement qui coupa la nasse dans laquelle nous étions? — Ah! monsieur, si vous vous étiez arrêté quand je vous appelais, si vous nous aviez attendus pour laisser nos fusiliers balayer les rues de Brentford, nous aurions été ce jour même presque aux portes de Londres. — Mais vous avez fait ce qui paraissait le mieux.

— Sans doute, sans doute, dit Wildrake, appuyé sur le dossier de sa chaise, et jouissant de toute la gloire de son triomphe ; — et je bois maintenant à la mémoire des braves qui ont combattu et succombé dans cette affaire de Brentford. — Nous chassâmes tout devant nous, monsieur, comme le vent chasse la poussière, et nous ne nous arrêtâmes qu'en arrivant aux boutiques où il y avait de l'eau-de-vie et d'autres tentations irrésistibles. — Morbleu! monsieur, nous autres mangeurs d'enfans, nous avions trop de connaissances à Brentford, et notre brave prince Rupert valait toujours mieux pour une charge que pour une retraite. Quant à moi, je ne fis qu'entrer un instant chez une pauvre veuve qui avait de jolies filles, et que je connaissais depuis long-temps, pour donner un picotin à mon cheval, et j'avais à peine eu le temps de prendre moi-même un morceau, et cætera, quand ces maudits badauds, comme vous les nommez fort bien, se rallièrent, et arrivèrent la pique en avant, comme des béliers menaçant de leurs cornes. — Je descendis les marches de l'escalier quatre à quatre, je sautai sur mon cheval ; mais je crois que tous les soldats de ma compagnie avaient comme moi des veuves et des orphelines à consoler, car je n'en pus réunir que cinq, et cependant nous réussîmes à nous frayer un chemin à travers ces piqueurs. — Et de par Dieu ! messieurs, j'emportai mon petit Déjeuner devant moi sur ma selle, au milieu des cris et des hurlemens de toute la ville, comme si l'on eût cru que j'allais égorger, mettre à la broche, et dévorer ce pauvre enfant, dès que nous serions arrivés dans nos quartiers. Mais du diable si un badaud osa s'approcher de mon cheval bai pour délivrer mon petit bonhomme. — Ils criaient haro contre moi, mais c'était à une distance respectueuse.

— Hélas ! hélas ! dit le chevalier, nous nous faisions paraître pires que nous n'étions, et nous nous conduisions trop mal pour mériter la bénédiction de Dieu, même dans une bonne cause. — Mais à quoi bon regarder en arrière ? Nous ne méritions pas les victoires que le ciel nous accordait, parce que nous n'en profitions jamais en bons soldats et en vrais chrétiens, et nous donnâmes ainsi un avantage sur nous à ces coquins de fanatiques, qui se conformaient, par hypocrisie, au bon ordre et à la discipline que nous aurions dû maintenir par principes, nous qui tirions l'épée pour une meilleure cause. — Mais voici ma main, capitaine, j'avais souvent désiré voir le brave officier qui avait fait une si belle charge pour nous dégager, et je suis charmé que ce vieux château soit encore en état de vous offrir l'hospitalité, quoique nous ne puissions vous faire servir un enfant ni rôti ni bouilli. — Eh, capitaine !

— Il est très-vrai, sir Henry, qu'on a fait courir à ce sujet d'assez dures calomnies. Je me souviens que Lacy, qui avait été acteur, et qui était lieutenant dans ma compagnie, y a fait allusion dans une pièce qu'on jouait quelquefois à Oxford, quand nous avions le cœur plus gai, et qui est intitulée, je crois, la Vieille Troupe (1).

En parlant ainsi, et se familiarisant à mesure qu'il voyait que son mérite était reconnu, Wildrake fit sur sa chaise un mouvement qui la rapprocha du jeune Écossais. Celui-ci en fit un autre pour s'écarter, et son pied fut assez gauche pour rencontrer sous la table celui de miss Lee, qui était assise en face de lui. Alice, un peu offensée, ou du moins embarrassée, recula sa chaise pour ne plus être exposée à pareille visite.

(1) L'antiquaire amateur des vieilles pièces de théâtre peut consulter cette pièce ; il y trouvera deux scènes roulant sur l'idée qu'avaient conçue les villageois que les Cavaliers mangeaient les enfans. Lacy, comédien qui avait servi dans la troupe à laquelle on avait fait une si mauvaise réputation, est l'auteur de cette pièce. Miss Edgeworth a cité une strophe d'un poëme populaire qui a rapport au même préjugé.

La peste vint de Coventry,
En annonçant de proche en proche
Qu'enfin Lunsford avait péri,
Une main d'enfant dans sa poche.

Une des causes des violens préjugés des habitans de Londres contre le roi Charles, fut qu'il voulut donner le gouvernement de la Tour de Londres à ce même Lunsford, qu'on regardait comme capable d'un acte de férocité si monstrueuse. (*Note de l'auteur*).

— Je vous demande pardon, dit Kerneguy ; mais c'est vous, monsieur, ajouta-t-il en se tournant vers Wildrake, qui êtes cause que j'ai heurté le pied de cette jeune demoiselle.

— Pardon, monsieur, répondit Wildrake, et j'implore surtout celui de cette belle dame.— Et pourtant, je veux être pendu si c'est moi qui ai mis votre chaise de travers comme la voilà ! — Ventrebleu ! monsieur, je n'ai apporté avec moi ni la peste, ni aucune maladie contagieuse, pour que vous vous éloigniez de moi avec la même frayeur que si j'eusse été lépreux, au risque d'aller troubler madame dans sa position, ce que j'aurais voulu empêcher aux dépens de ma vie, monsieur. Si vous êtes Écossais, comme votre accent l'annonce, monsieur, morbleu ! C'était moi seul qui courais tout le danger, et vous n'aviez nulle raison pour vous écarter.

— Maître Wildrake, dit Albert, ce jeune homme est un étranger qui, de même que vous, trouve protection et hospitalité chez mon père, et il ne peut être agréable à sir Henry Lee de voir s'élever des querelles entre ses hôtes. L'extérieur actuel de mon jeune ami peut faire que vous vous mépreniez sur son rang.— C'est l'honorable maître Louis Kerneguy, fils de lord Kilstewers de Kincardineshire, et il a déjà porté les armes pour le roi, tout jeune qu'il est.

— Je n'ai nul dessein d'occasioner une querelle, monsieur, répondit Wildrake ;— pas le moins du monde.— Ce que vous venez de dire me suffit, monsieur. - Maître Girnigo, fils de lord Kilsteer de Gringardenshire, je suis votre humble serviteur, monsieur, et je bois à votre santé et à celle de tous les Écossais qui ont tiré l'épée pour la bonne cause, monsieur.

— Je vous suis redevable, et je vous remercie, monsieur, dit le jeune homme avec un certain air de hauteur qui ne s'accordait pas trop avec la rusticité avec laquelle il ajouta : — et je vous souhaite une bonne santé avec toute la civilité possible.

Un homme judicieux aurait laissé tomber cette conversation ; mais un des traits caractéristiques de Wildrake était de ne pouvoir jamais laisser les choses au point où elles se trouvaient, quand elles allaient bien. Il continua donc à persifler le jeune homme fier, gauche et timide, en lui faisant diverses observations.

— Vous parlez votre dialecte national avec un accent très-prononcé, maître Girnigo, lui dit-il ; mais ce n'est pas tout-à-fait de la même manière que j'ai entendu s'exprimer des Cavaliers écossais que j'ai connus, quelques Gordon, par exemple, et plusieurs autres jouissant d'une bonne renommée. Ils mettaient toujours une *f* au lieu de *wh*, et prononçaient toujours *faat* au lieu de *what*, *fan* au lieu de *when*, et ainsi de suite.

Albert se chargea de la réponse, et dit que la prononciation variait dans les provinces d'Écosse comme dans celles d'Angleterre.

— Vous avez raison, monsieur, répliqua Wildrake. Je me flatte moi-même de parler passablement ce chien de jargon, — soit dit sans vous offenser, maître Girnigo. — Et cependant une fois que je faisais une excursion dans les montagnes du sud, comme ils appellent leurs infames déserts, — toujours sans vous offenser, — un jour que j'étais seul, il m'arriva de m'égarer, et ayant rencontré un pâtre, je lui dis en ouvrant la bouche aussi grande et en criant aussi fort que je le pouvais : *Whore am I gangin till* (1) ? — Du diable si le drôle put me répondre, à moins qu'il ne fît la sourde oreille par malice, comme cela arrive de temps en temps aux manans à l'égard des gentilshommes qui portent l'épée.

Il parlait ainsi d'un ton familier, et, quoiqu'il parût s'adresser particulièrement à Albert, il se tournait souvent vers son voisin le jeune Écossais, qui, soit par timidité, soit par quelque autre motif, ne paraissait pas se soucier de former une liaison intime. Un ou deux légers coups de coude que lui donna Wildrake pendant son dernier discours, comme pour en appeler spécialement à lui, n'obtinrent d'autre réponse que ce peu de mots :

— On doit s'attendre à des malentendus quand on converse en dialectes différens.

Wildrake, qui avait bu plus qu'il n'aurait dû le faire en bonne compagnie, et dont la tête était échauffée, ne laissa pas tomber ce mot : — Malentendu ! monsieur, répéta-t-il ; malentendu ! — Je ne sais trop ce que vous voulez dire, monsieur ; mais, à en juger par les mouches qui couvrent votre honorable physionomie, je conclurais que vous avez eu quelque malentendu tout récemment avec un chat.

— En ce cas, vous vous trompez, l'ami, car c'est avec un chien, répondit l'Écossais d'un ton sec en jetant un regard sur Albert.

— Nous sommes arrivés si tard, dit Albert, que les chiens nous ont donné quelque embarras, et mon jeune ami est tombé sur des décombres qui ont occasioné ces égratignures.

(1) Où vais-je par ce chemin ? — Tr.

— Et maintenant, mon cher sir Henry, dit le docteur Rochecliffe, permettez-moi de vous rappeler votre goutte, et la longue course que nous avons faite. Je le fais d'autant plus volontiers que mon bon ami, votre fils, m'a fait pendant tout le souper des questions qu'il aurait mieux valu réserver pour demain. — Pouvons-nous vous demander la permission de nous retirer pour nous reposer ?

— Ces comités privés dans une réunion joyeuse, dit Wildrake, sont un solécisme en savoir-vivre. Ils me font toujours penser à ces maudits comités de Westminster.—Mais est-ce que nous nous planterons sur le perchoir avant d'avoir éveillé le hibou par une chanson en chœur (1)?

— Ah, ah ! tu peux donc citer Shakspeare, s'écria sir Henry, charmé de découvrir une qualité de plus dans sa nouvelle connaissance, dont les services militaires ne pouvaient tout au plus que contre-balancer la liberté de ses discours. Eh bien ! au nom du joyeux Will, que je n'ai jamais vu, quoique j'aie connu plusieurs de ses camarades, comme Alleyn, Hemmings et plusieurs autres, nous chanterons une chanson, et nous porterons une santé avant de nous séparer.

Après la discussion d'usage sur le choix de la chanson, et sur la partie que chacun devait chanter, toutes les voix se réunirent pour une chanson loyale qui était alors en grande vogue parmi les royalistes, et qu'on croyait composée par un personnage qui n'était rien moins que le docteur Rochecliffe lui-même.

(1) Citation de Shakspeare. — Éd.

LA SANTÉ DU ROI CHARLES.

Armes en main ! Que chacun aujourd'hui
Boive rasade, ou qu'il soit anathème.
Je vais porter la santé de celui
Que nous aimons, et de quiconque l'aime.
Braves amis, levez-vous comme moi ;
Fuyez, brigands, honte de l'Angleterre !
Et quand la mort serait au fond du verre,
    Buvons à la santé du roi !

Il est errant au milieu des dangers ;
Et dépouillé des droits de sa naissance,
Privé de tout, c'est chez les étrangers
Qu'il va chercher secours et dépendance !
Environnés de périls et d'effroi,
Que les sujets qui lui restent fidèles,
Ici du moins, en dépit des rebelles,
    Boivent à la santé du roi !

Rendons du moins à notre souverain
Tous les honneurs que le zèle suggère ;
Sur notre épée appuyons notre main,
Et qu'un genou soit posé sur la terre !
Mais nous verrons triompher notre foi,
Et, sortant tous de nos humbles retraites,
Au son bruyant des clairons, des trompettes,
    Nous boirons la santé du roi !

Après cette effusion de loyauté, et une libation finale, la compagnie se disposa à se séparer. Sir Henry offrit un lit à son ancienne connaissance Wildrake, qui discuta cette proposition à peu près comme il suit :—Pour dire la vérité, mon patron m'attendra à la ville ;—mais il est accoutumé à me voir passer la nuit dehors.—D'une autre part, on dit que le diable hante le château ; mais avec la bénédiction de ce révérend docteur, je le défie lui et ses œuvres.—D'ailleurs je ne l'ai pas vu pendant deux nuits que j'ai déjà passées ici, et s'il n'y était pas alors, à coup sûr sir Henry Lee et sa famille ne l'y ont pas amené. — J'accepte donc votre invitation, sir Henry, et je vous en remercie comme un des Cavaliers de Lunsford doit remercier un des Clercs d'Oxford. — Vive le roi! morbleu! Peu m'importe qui l'entende, et confusion au vieux Noll et à son nez rouge! A ces mots il partit, les jambes un peu avinées, conduit par Jocelin, à qui Albert avait recommandé en secret de le placer dans un appartement à quelque distance du reste de la famille.

Le jeune Lee embrassa sa sœur, et, suivant l'usage du temps, demanda respectueusement la bénédiction de son père avant de l'embrasser à son tour. Son page semblait désirer d'imiter son exemple, du moins la moitié; mais quand il s'avança vers Alice, elle le salua gravement en faisant un pas en arrière. Il fit ses adieux à sir Henry par une inclination de tête assez gauche; et le vieux chevalier, en lui souhaitant une bonne nuit, ajouta : — Je vois avec plaisir, jeune homme, que vous avez du moins appris le respect qu'on doit à la vieillesse. Ne l'oubliez jamais, monsieur; car en agissant ainsi vous ne ferez que rendre aux autres l'honneur que vous désirerez en recevoir vous-même quand vous approcherez du terme de votre vie. — Je vous en dirai à loisir davantage sur les devoirs que vous avez à remplir comme page. Cette place était autrefois l'école de la chevalerie, au lieu que depuis quelque temps, grace à l'esprit de désordre, elle est devenue une pépinière de licence, ce qui a fait dire à Ben Jonson..... (1) :

(1) Voyez au sujet de cette citation une note du Rokeby, chant III.
ÉD.

— Mon père, dit Albert, songez à la fatigue que nous avons essuyée aujourd'hui. — Mon pauvre ami dort presque tout debout; demain il sera en état d'écouter vos bons avis avec plus de profit. — Et vous, Louis, songez du moins à vous acquitter d'une partie de vos devoirs. — Prenez des lumières, et éclairez-moi. — Voici Jocelin qui arrive pour vous montrer le chemin. — Bonsoir, mon cher docteur Rochecliffe; — je vous souhaite à tous une bonne nuit.

CHAPITRE XXI.

L'écuyer. « Noble prince, salut!
Richard. »   Grand merci, noble pair.
» Nous sommes à bas prix, mais c'est encor trop cher. »
SHAKSPEARE. *Richard II.*

ALBERT et son page furent conduits par Jocelin dans ce qu'on appelait l'appartement espagnol. C'était une grande chambre à coucher, portant des marques visibles des ravages du temps; mais il s'y trouvait un grand lit pour le maître et un lit de camp pour le domestique, comme c'était encore l'usage dans les vieux châteaux d'Angleterre, à une époque moins éloignée, quand le grand nombre d'hôtes qu'on y recevait faisait qu'un maître pouvait avoir besoin des services de son propre domestique. Les murs étaient tapissés en cuir doré de Cordoue, représentant les batailles entre les Espagnols et les Maures, des combats de taureaux, et d'autres divertissemens particuliers à la péninsule. Cette tapisserie était usée partout, détachée en quelques endroits et déchirée en d'autres. Mais Albert ne s'amusa pas à faire des observations à ce sujet. Il semblait impatient de se débarrasser de Jocelin; et, lorsque celui-ci lui demanda s'il mettrait plus de bois sur le feu, et s'il lui apporterait son coup du soir, il lui répondit par un *non* laconique, et lui rendit son bonsoir avec la même concision. Enfin le garde forestier se retira un peu à contre cœur, comme s'il eût pensé que son jeune maître aurait pu dire quelques mots de plus à un ancien et fidèle serviteur après une si longue absence.

Dès que Joliffe fut sorti, et avant qu'un seul mot eût été prononcé par Albert Lee ou son page, le premier s'approcha de la porte, en examina avec soin le loquet, la serrure et les verrous, et les ferma avec l'attention la plus scrupuleuse. Cette précaution ne lui parut même pas suffisante; car, tirant de sa poche une longue fiche de fer en forme de vis, il la fit entrer de force dans la gâche du loquet, de manière qu'il était impossible de la faire tomber, ou d'ouvrir la porte autrement qu'en la brisant.

Albert s'était mis à genoux pour cette opération, qu'il termina avec autant de promptitude que de dextérité, pendant que son page l'éclairait. Mais dès qu'il se fut relevé, un changement total s'effectua dans les manières des deux compagnons l'un envers l'autre. L'honorable maître Kerneguy perdit tout à coup l'air gauche et emprunté d'un jeune lourdaud écossais, et montra dans ses manières une grace et une aisance qu'il ne pouvait avoir acquises qu'en voyant familièrement, dès sa plus tendre jeunesse, la meilleure compagnie du temps.

Il remit à Albert la lumière qu'il tenait avec l'indifférence aisée d'un supérieur qui semble accorder une grace en demandant quelque léger service à un subordonné. Le jeune Lee, avec l'air du plus grand respect, joua à son tour le rôle d'éclaireur, et porta la lumière devant son page jusqu'à l'autre bout de la chambre, en marchant à reculons, pour ne pas lui tourner le dos. Ayant placé le chandelier sur une table près du lit, il s'approcha respectueusement du jeune homme, et l'aida à se débarrasser de sa mauvaise jaquette verte, qu'il reçut avec le même cérémonial que s'il eût été le premier chambellan ou quelque autre officier de la maison du roi, et qu'il eût aidé son maître à quitter le manteau de l'ordre de la Jarretière.

Le jeune homme à qui il rendait ces marques de respect les reçut pendant une ou deux minutes avec une gravité imperturbable; mais enfin, partant d'un grand éclat de rire, il s'écria : — Que diable signifient toutes ces formalités, Lee? Tu fais autant d'honneur à ces misérables haillons que s'ils étaient de soie ou d'hermine, et tu traites le pauvre Louis Kerneguy comme s'il était souverain de la Grande-Bretagne!

— Sire, répondit Albert, si les ordres de Votre Majesté et les circonstances impérieuses où elle se trouve m'ont fait paraître oublier un moment que vous êtes mon souverain, il doit m'être permis de vous rendre les hommages que je vous dois, maintenant que nous sommes seuls et que vous êtes dans votre palais royal de Woodstock.

— A la vérité, dit le monarque déguisé, le souverain et le palais ne sont pas mal assortis. Cette tapisserie en lambeaux et cette casaque déguenillée vont parfaitement bien ensemble. — Et ceci est Woodstock! — Ceci est le palais enchanté où un roi normand se plongeait dans une mer de délices avec la belle Rosemonde Clifford! — Sur ma foi, c'est un lieu de rendez-vous fait pour des chouettes. Mais, songeant tout à coup que ce ton de mépris pouvait blesser la sensibilité d'Albert, il ajouta sur-le-champ, avec le ton de courtoisie qui lui était naturel :—Au reste, plus cette demeure est obscure et retirée, mieux elle nous convient, Albert, et si elle a l'air d'un nid à hiboux, comme il est impossible de le nier, nous savons néanmoins qu'il en est sorti des aigles.

En parlant ainsi il se jeta sur une chaise, et reçut avec un air d'indolence qui n'était pas sans grace les services d'Albert ; celui-ci déboutonnait ses mauvaises guêtres de cuir; puis il ajouta : — Sir Henry, votre père est un bel échantillon de l'autre temps. Il est étrange que je ne l'eusse jamais vu auparavant; mais j'ai souvent entendu mon père en parler comme de la fleur de la vraie chevalerie anglaise. — A en juger par la manière dont il a déjà commencé à me sermoner, il a dû vous tenir la bride diablement serrée, Albert. — Je parie que vous n'avez jamais paru devant lui que chapeau bas?

— Du moins, Sire, je ne l'ai jamais enfoncé sur ma tête en sa présence, comme j'ai vu quelques jeunes gens se le permettre. Et si je l'avais fait, il aurait fallu que le chapeau fût bien solide pour me préserver de quelques fêlures au crâne.

— Oh! je n'en doute nullement. — C'est un superbe vieillard; mais il me semble qu'il a dans la physionomie quelque chose qui annonce qu'il connaît la maxime que celui qui aime bien châtie bien. — Écoute, Albert. — En supposant que cette glorieuse restauration arrive, — et le moment ne doit pas en être éloigné si, pour l'accélérer, il suffit de boire à son arrivée, car à cet égard nos sujets loyaux ne négligent jamais leurs devoirs; — en supposant, dis-je, qu'elle arrive, et que ton père devienne, comme cela doit être, comte et membre du conseil privé, — corbleu! j'aurai peur de lui comme Henry IV, mon aïeul, avait peur du vieux Sully. — Imagine-toi qu'il y ait à la cour un joyau comme la belle Rosemonde ou la belle Gabrielle, quel travail pour les pages et les gentilshommes de la chambre pour faire sortir le joli bijou par un escalier dérobé, comme une marchandise de contrebande, quand on entendrait dans l'antichambre le pas du comte de Woodstock!

— Je vois avec grand plaisir la gaieté de Votre Majesté après toutes les fatigues qu'elle a essuyées.

— La fatigue n'est rien; un bon accueil et un bon repas en dédommagent amplement. — Mais ils doivent t'avoir soupçonné de leur avoir amené un loup de la forêt de Badenoch, au lieu d'un bipède qui n'a qu'un garde-manger ordinaire pour y serrer ses provisions. J'étais réellement honteux de mon appétit; mais tu sais que je n'avais rien mangé depuis vingt-quatre heures, sauf un œuf cru, que tu avais dérobé pour moi dans le poulailler de la vieille femme. — Oui, je rougissais de me montrer si affamé devant ce grave et respectable vieillard ton père, et cette charmante fille, — ta sœur? — ta cousine? — qui est-elle?

— Ma sœur, répondit Albert très-brièvement. Et il ajouta sur-le-champ : — L'appétit de Votre Majesté convenait assez au rôle d'un jeune rustre écossais. — Plairait-il à Votre Majesté de se mettre au lit?

— Dans quelques instants, répondit Charles en restant assis; — j'ai à peine eu liberté de langue aujourd'hui ; et parler ce jargon du nord ! être obligé de se fatiguer pour ne pas dire un mot qui ne soit dans son rôle, — c'est en vérité marcher comme les galériens du continent, avec un boulet de vingt-quatre livres aux jambes : — ils peuvent le traîner ; mais ils ne peuvent se mouvoir avec aisance. — A propos, tu tardes bien à me faire les complimens que j'ai si bien mérités. — N'ai-je pas joué à la perfection le rôle de Louis Kerneguy ?

— Si Votre Majesté me demande sérieusement mon opinion, j'espère qu'elle me pardonnera si je lui dis que son dialecte était un peu trop vulgaire pour un jeune Écossais de bonne naissance, et que ses manières avaient peut-être quelque chose de trop commun. Il m'a semblé aussi, — quoique je ne prétende pas être connaisseur, — que votre écossais n'était pas toujours très-pur.

— Pas toujours très-pur ! — tu es difficile à contenter, Albert. — Et qui pourrait parler écossais plus purement que moi ? — N'ai-je pas été dix mois roi d'Écosse ? Et si pendant ce temps je n'ai pu apprendre la langue du pays, je voudrais bien savoir ce que j'y ai gagné. N'ai-je pas entendu tous les comtés de l'est, de l'ouest, du sud et des montagnes, crier, brailler, croasser autour de moi, avec un accent guttural, aigre ou traînant ? — Corbleu ! n'ai-je pas entendu les discours de leurs orateurs, les adresses de leurs sénateurs, les reproches de leurs ministres ? Ne me suis-je pas assis sur le fauteuil de repentance (1), et n'ai-je pas regardé comme une grace que le digne Mas John Gillespie m'ait permis de

---

(1) On sait que la très-austère et très-républicaine Église presbytérienne d'Écosse a conservé long-temps non-seulement les *amendes honorables*, mais encore les foudres d'excommunication de l'Église de Rome. (Voyez le 2e vol. de *Waverley*.) — Éd.

subir cette pénitence dans ma chambre, et non en face de toute la congrégation? et après tout cela, tu me diras que je ne parle pas écossais assez bien pour en imposer à un chevalier du comté d'Oxford et à sa famille?

— Je prie Votre Majesté de se souvenir que j'avais commencé par avouer que je n'étais pas un bon juge du dialecte d'Écosse.

— Allons, allons, Albert, c'est pure envie. Chez Norton, tu me disais que j'étais trop courtois et trop poli pour un page, et maintenant tu me reproches d'être trop rustre.

— Il y a un milieu en tout; mais il faut savoir le saisir, dit Albert défendant son opinion comme le roi l'attaquait, c'est-à-dire sur le ton de la plaisanterie. Par exemple, ce matin, quand vous portiez des habits de femme, vous avez relevé vos jupons infiniment trop haut, lorsque nous avons eu un premier ruisseau à traverser, et quand nous sommes arrivés à un autre, pour prouver que vous aviez bien profité de la leçon que je venais de vous faire, vous les avez laissé traîner dans l'eau.

— Au diable les habits de femme! s'écria Charles; ils me rendaient si hideux que ma figure aurait suffi pour faire passer à jamais la mode des robes, des cornettes et des cotillons. — Les chiens mêmes me fuyaient. — Si j'avais passé dans un hameau où il y aurait eu seulement cinq chaumières, on m'aurait régalé d'un bain froid dans quelque mare, comme une sorcière. J'étais un libelle vivant contre le beau sexe. — Ces culottes de cuir ne sont certainement pas très-élégantes; mais c'est du moins *propria quæ maribus* (1), et je suis charmé d'en

(1) Un costume convenable aux hommes. — Tr.

être revêtu de nouveau. — Je te dirai aussi, mon cher Albert, qu'en reprenant les habits de mon sexe je prétends en reprendre tous les privilèges; et comme tu dis que j'ai été ce soir un vrai rustre, demain je me conduirai avec miss Alice en véritable courtisan. — J'ai déjà fait une sorte de connaissance avec elle quand je paraissais être de son sexe, et j'ai découvert que le vent pousse de ce côté d'autres colonels que vous, colonel Albert Lee.

— Sire, dit Albert.... et il s'arrêta tout court par suite de la difficulté qu'il éprouvait à exprimer des sentimens d'une nature peu agréable. Le roi s'en aperçut fort bien; mais il n'en continua pas moins sans aucun scrupule.

— Je me pique de savoir pénétrer dans le cœur des jeunes dames aussi bien qu'un autre, dit-il, quoique Dieu sache qu'il s'y trouve quelquefois trop de profondeur pour que le plus habile de nous puisse le sonder. En jouant le rôle de diseuse de bonne aventure, je dis à ta sœur, — croyant, pauvre simple nigaud, qu'une jeune fille élevée à la campagne ne devait avoir personne à qui penser qu'un frère, — qu'elle avait des inquiétudes sur un certain colonel. Je ne parlai que du fait, sans nommer personne; mais c'était à toi que je faisais allusion; et la rougeur que mes paroles firent naître sur son visage était trop vive pour être occasionée par l'amour fraternel. De sorte qu'elle me quitta en prenant son vol comme un vanneau. — Je l'excuse de tout mon cœur; car, m'étant regardé dans la fontaine, je crus reconnaître que, si j'avais rencontré une créature semblable à ce que je paraissais être, j'aurais appelé feu et fagots pour la brûler. — Qu'en penses-tu, Albert? —

Qui peut être ce colonel qui est plus que ton rival dans le cœur de ta sœur?

Albert, qui savait que la manière de penser du roi relativement au beau sexe était plus libre que délicate, chercha à mettre fin à cette conversation en prenant un ton grave pour lui répondre.

— Ma sœur, dit-il, a été élevée en quelque sorte avec le fils de son oncle maternel, Markham Everard. Mais, comme son père et lui ont embrassé la cause des Têtes-Rondes, les deux familles ont cessé de se voir, et les projets qu'on avait peut-être formés autrefois ont été oubliés de part et d'autre depuis long-temps.

— Tu as tort, Albert; tu as tort, répliqua le roi continuant sans pitié à parler sur le ton de la plaisanterie. — Vous autres colonels, que vous portiez des écharpes bleues ou oranges, vous êtes trop beaux garçons pour qu'on vous oublie si aisément, quand vous avez une fois inspiré de l'intérêt. Mais il ne faut pas souffrir que miss Alice, qui est si jolie, qui prie pour la restauration du roi avec l'air et l'accent d'un ange, et dont les prières doivent nécessairement être exaucées, conserve plus long-temps le souvenir d'un fanatique de Tête-Ronde. — Qu'en dis-tu? — Me permets-tu de chercher à le lui faire oublier? Après tout, je suis plus intéressé que personne à entretenir des sentimens de loyauté parmi mes sujets; et si je gagne la bienveillance des jolies filles, celle de leurs amans s'ensuivra bientôt. — C'était la manière du joyeux roi Édouard. — Édouard IV, vous savez. — Il fut détrôné plus d'une fois par le comte de Warwick, — ce faiseur de rois, le Cromwell de son temps; — mais il avait pour lui les cœurs des dames de Londres, et les badauds se saignèrent la bourse et les veines pour le rétablir sur son trône. — Eh bien, que dites-vous? — Secouerai-je ma rudesse septentrionale? Parlerai-je à miss Alice du ton qui m'est naturel? Lui montrerai-je ce que l'éducation et le savoir-vivre peuvent faire pour dédommager d'une laide figure?

— Sire, dit Albert d'un ton embarrassé, — je ne m'attendais pas que Votre Majesté.......

Il s'interrompit, ne pouvant trouver des termes qui pussent exprimer les sentimens qui l'agitaient sans manquer au respect qu'il devait à un roi qui recevait l'hospitalité chez son père, et à la sûreté duquel il s'était lui-même chargé de veiller.

— Et à quoi maître Lee ne s'attendait-il pas? demanda Charles avec un ton de gravité très-marqué.

Albert essaya encore de lui répondre, mais les seuls mots qu'il put prononcer furent: — J'espère, Sire, que Votre Majesté..... et il s'arrêta de nouveau, son respect profond et héréditaire pour son souverain, et le sentiment de ce qui était dû à un prince qui avait éprouvé tant d'infortunes, lui faisant craindre de ne pouvoir s'exprimer avec assez de ménagement.

— Et qu'espère le colonel Albert Lee? dit Charles d'un ton froid et sec comme auparavant. — Point de réponse? — Eh bien, *j'espère*, moi, que le colonel Lee ne voit dans une plaisanterie frivole rien qui puisse offenser l'honneur de sa famille, sans quoi il ferait un assez mauvais compliment à sa sœur, à son père et à lui-même, pour ne rien dire de Charles Stuart, qu'il appelle son roi; et *je m'attends* à ne pas être assez mal interprété pour être supposé capable d'oublier que miss Alice Lee est la fille d'un sujet fidèle, en ce moment mon hôte, et la sœur de mon guide, de mon sauveur. —

Allons, allons, Albert, ajouta-t-il en reprenant tout à coup le ton de franchise et de familiarité qui lui était naturel, tu oublies combien de temps j'ai vécu dans un pays étranger où les hommes, les femmes, les enfans, parlent de galanterie le matin, à midi, le soir, sans y attacher d'autre idée que celle de passer le temps. Mais de mon côté j'avais oublié que tu es de l'ancienne école d'Angleterre, fils de sir Henry Lee, et fils d'après son cœur, et que par conséquent tu n'entends pas raillerie sur de pareils sujets. Mais sérieusement et sincèrement, Albert, si je vous ai offensé, je vous en demande pardon.

En prononçant ces mots, il tendit la main au colonel Lee, qui, sentant qu'il s'était réellement trop pressé de prendre au sérieux ce qui n'était au fond qu'une plaisanterie, la baisa avec respect, et chercha à s'excuser.

— Pas un mot, pas un seul mot, dit le bon monarque en relevant son fidèle sujet repentant qui fléchissait un genou devant lui. Nous nous entendons l'un et l'autre. Vous craignez un peu la réputation de galanterie que je me suis faite en Écosse; mais je vous assure que je serai aussi stupide en présence de miss Alice que vous ou l'autre colonel, votre cousin, vous pourriez le désirer. Je réserverai tous mes complimens, si j'en ai quelques-uns de reste, pour la gentille petite soubrette qui nous a servis à table, à moins que vous n'ayez vous-même jeté un dévolu sur elle, colonel Albert.

— Le dévolu est jeté, Sire; le fait est sûr, quoique ce ne soit point par moi, mais par Jocelin Joliffe, le garde forestier; et nous devons prendre garde de le mécontenter, car nous lui avons déjà donné une partie de notre confiance, et les circonstances peuvent nous obliger à la lui accorder tout entière. Je suis presque tenté de croire qu'il soupçonne déjà la véritable qualité de Louis Kerneguy.

— Vous autres amoureux de Woodstock, dit le roi en riant, vous êtes une bande d'accapareurs; et si j'avais la fantaisie, ce qui ne manquerait pas d'arriver à un Français, de glisser quelques douceurs dans l'oreille de la vieille femme sourde que j'ai vue dans la cuisine, j'ose avancer qu'on me dirait que cette oreille est exclusivement accaparée par le docteur Rochecliffe.

— Je suis émerveillé de la gaieté de Votre Majesté, Sire; et je conçois à peine qu'après une journée de fatigue, de dangers et d'accidens, vous ayez le pouvoir de plaisanter ainsi.

— Ce qui veut dire que le gentilhomme de la chambre désire que Sa Majesté songe à dormir. — Eh bien, un mot ou deux sur des affaires plus sérieuses, et j'ai fini. Je me suis laissé complètement diriger par vous et le docteur Rochecliffe. — J'ai quitté les habits de femme pour prendre ceux de page dès que vous l'avez voulu. J'ai dévié de la route que je comptais suivre en partant du Hampshire, et je suis venu chercher un refuge ici. — Croyez-vous toujours que ce soit la marche la plus prudente?

— J'ai grande confiance dans le docteur Rochecliffe, Sire. Ses liaisons avec les royalistes épars le mettent en état d'avoir les informations les plus exactes sur tout ce qui se passe. La vanité que lui inspire l'étendue de ses correspondances et la complication des trames qu'il ourdit pour le service de Votre Majesté, est comme l'aliment de sa vie; mais sa sagacité est égale à sa vanité. D'une autre part, ma confiance en Joliffe est sans bornes. Je n'ai besoin de vous parler ni de mon père ni de ma sœur. Néanmoins je ne voudrais pas, sans les plus fortes raisons, que la personne de Votre Majesté fût connue d'un seul individu de plus qu'il n'est indispensablement nécessaire.

— Mais est-il bien à moi, dit Charles d'un air pensif, de ne pas donner ma confiance tout entière à sir Henry Lee?

— Votre Majesté a entendu parler de l'évanouissement dangereux dont il a été attaqué hier soir. Il ne faut pas se hâter de lui apprendre des nouvelles qui pourraient l'agiter.

— Vous avez raison. Mais n'avons-nous pas à craindre ici une visite des Habits-Rouges? Il y en a des détachemens à Woodstock et à Oxford.

— Le docteur Rochecliffe dit, non sans raison, qu'il vaut mieux être assis près du feu quand la cheminée fume, et que la Loge de Woodstock, qui était encore ce matin en la possession des commissaires au séquestre, sera moins suspecte et moins strictement surveillée que des endroits plus éloignés qui sembleraient promettre plus de sûreté. D'ailleurs le docteur sait des nouvelles curieuses et importantes sur l'état des choses dans ce palais; et elles sont favorables au projet d'y tenir Votre Majesté cachée pendant deux ou trois jours, jusqu'à ce qu'on se soit assuré d'un navire pour votre départ. D'abord le parlement, ou le conseil d'état usurpateur, a envoyé ici des commissaires que leur mauvaise conscience, aidée peut-être par les tours de quelques Cavaliers entreprenans, a effrayés au point qu'ils en sont partis en tremblant, sans conserver un grand désir d'y revenir jamais. Ensuite l'usurpateur, plus formidable, Cromwell, en a accordé la possession au colonel Everard, qui ne l'avait sollicitée que pour y replacer son oncle, et qui est resté dans la ville de Woodstock pour veiller à ce que sir Henry n'y soit pas troublé.

— Quoi! le colonel de miss Alice! Voilà qui est propre à sonner l'alarme! En supposant qu'il tienne en arrêt ces autres drôles, ne croyez-vous pas, maître Albert, qu'il aura cent prétextes par jour pour venir ici lui-même?

— Non; car le docteur Rochecliffe assure que le traité conclu entre sir Henry et son neveu oblige celui-ci à ne pas s'approcher de la Loge sans invitation. Véritablement ce n'a pas été sans de grandes difficultés, et sans faire valoir tous les avantages qui pouvaient en résulter pour la cause de Votre Majesté, que le docteur a pu décider mon père à revenir dans ce palais; mais soyez bien sûr qu'il ne sera nullement pressé d'envoyer une invitation au colonel.

— Et vous, soyez bien sûr que le colonel y viendra sans attendre qu'on l'y invite. — On ne peut bien juger des choses quand il s'agit d'une sœur; on est trop familier avec l'aimant pour bien apprécier le pouvoir de l'attraction. — Everard viendra ici, vous dis-je, — il y viendra comme s'il y était traîné par quatre chevaux. — Ne me parlez pas de promesse; des chaînes ne pourraient le retenir. — Et en ce cas, il me semble que nous courons quelque danger.

— J'ose croire le contraire, Sire. D'abord, je sais que Markham Everard est esclave de sa parole. Ensuite, si quelque hasard l'amenait ici, je crois que Votre Majesté passerait aisément en sa présence pour Louis Kerneguy. D'une autre part, quoique nous n'ayons pas eu beaucoup de rapports ensemble depuis quelques années, je le crois incapable de trahir Votre Majesté. Enfin, si j'en voyais le moindre danger, fût-il dix fois le neveu de ma mère, je lui passerais mon épée au travers du corps avant de lui laisser le temps d'exécuter ce projet.

— Je n'ai plus qu'une question à vous faire, Albert, après quoi je vous laisserai vous reposer. — Vous paraissez vous croire bien assuré qu'on ne viendra faire ici aucunes recherches. La chose est possible ; mais, dans tout autre pays, ce conte d'esprits qu'on fait courir amènerait ici une nuée de prêtres et de suppôts de la justice pour examiner quel est le fond de cette histoire, avec une foule d'oisifs pour satisfaire leur curiosité.

— Relativement à la première crainte, Sire, nous devons espérer et croire que le crédit du colonel Everard empêchera toute enquête immédiate, afin que rien ne trouble le repos de la famille de son oncle. Et nous avons encore moins à craindre que qui que ce soit se présente ici sans y être autorisé ; mon père a inspiré trop d'affection d'une part et de crainte de l'autre, à tout le voisinage. D'ailleurs les esprits de Woodstock ont jeté une telle alarme, que la frayeur tiendra la curiosité en respect.

— En dernier résultat donc, les chances de sûreté paraissent être en faveur du plan que nous avons adopté ; et c'est tout ce que je puis espérer dans une situation si précaire. L'évêque m'a recommandé le docteur Rochecliffe, comme un des fils les plus ingénieux, les plus intrépides et les plus loyaux de l'Église anglicane ; vous, Albert, vous m'avez donné cent preuves de fidélité ; c'est donc sur vous et sur vos connaissances des localités que je me repose. — Maintenant préparez nos armes; — jamais on ne me prendra vivant. — Et cependant je ne puis croire que le fils d'un roi d'Angleterre, l'héritier légitime du trône de ce pays, puisse être destiné à courir quelques dangers dans son propre palais et sous la garde d'une famille si loyale.

Albert Lee plaça les épées et les pistolets près du lit du roi et du sien, et Charles, après quelques mots d'apologie, s'étendit dans le grand lit en soupirant de plaisir, en homme qui n'en avait pas trouvé un si bon depuis quelque temps. Il souhaita le bonsoir à son fidèle compagnon, pendant qu'il se plaçait sur son lit de camp; et le monarque et le sujet ne tardèrent pas à goûter les douceurs du sommeil.

CHAPITRE XXII.

> « Louange au vieux sir Nicolas !
> » D'un jeune oiseau dans l'embarras
> » Il eut pitié, le mit en cage,
> » Et quelques momens d'esclavage,
> » Tandis que planait le faucon,
> » Firent qu'enfin de l'oisillon
> » La liberté fut le partage. »
> WORDSWORTH.

En dépit de tous les dangers, le prince fugitif goûta ce profond repos qu'on ne doit guère qu'à la jeunesse et à la fatigue. Le sommeil du jeune Cavalier qui lui servait de guide et de garde ne fut pas tout-à-fait si tranquille. Il s'éveilla plusieurs fois pendant la nuit, et il écoutait avec attention; car, malgré les assurances que lui avait données le docteur Rochecliffe, il n'était pas sans quelques inquiétudes, et il aurait voulu être mieux informé qu'il ne l'était encore de tout ce qui se passait autour de lui.

Il se leva dès que le jour parut; mais, malgré le soin qu'il prit de faire le moins de bruit possible, le sommeil de Charles en fut troublé. Il se mit sur son séant, et demanda s'il y avait quelque sujet d'alarme.

— Non, Sire, répondit Lee; mais, réfléchissant aux questions que Votre Majesté me faisait hier soir, et aux divers incidens imprévus qui pourraient compromettre la sûreté de Votre Majesté, je me lève de bonne heure pour avoir un entretien à ce sujet avec le docteur Rochecliffe, et pour jeter un coup d'œil de surveillance sur une place qui renferme momentanément la fortune de l'Angleterre. Je serai obligé, pour la sûreté de Votre Majesté, de la prier de vouloir bien prendre la peine de fermer elle-même la porte quand je serai parti.

— Pas tant de Majesté, pour l'amour du ciel, mon cher Albert! dit le pauvre roi en tâchant de mettre une partie de ses vêtemens pour traverser la chambre; quand le pourpoint et les culottes d'un roi sont tellement en guenilles qu'il lui est aussi difficile de les mettre qu'il l'aurait été pour lui de traverser la forêt de Deane sans guide, on peut laisser la Majesté de côté jusqu'à ce qu'elle se montre sous un extérieur un peu plus décent. D'ailleurs on court la chance que ce mot ronflant soit entendu par des oreilles peu sûres.

— Je me conformerai à vos ordres, répondit Albert, qui venait d'ouvrir la porte. Il sortit, laissant au roi, qui s'était levé dans ce dessein, et qui était à demi habillé au milieu de l'appartement, le soin de la refermer, et le priant de ne l'ouvrir à qui que ce fût, pour quelque motif que ce pût être, à moins qu'il ne reconnût sa voix ou celle du docteur Rochecliffe.

Albert se mit alors à la recherche de l'appartement

du docteur, qui n'était connu que du fidèle Joliffe et de lui, et où s'était caché à différentes époques ce digne ecclésiastique, que son caractère audacieux avait entraîné dans une foule de manœuvres aussi hardies que dangereuses, et exposé à des poursuites actives de la part du parti républicain. Depuis quelque temps, on ne songeait plus à lui, parce qu'il avait prudemment quitté la scène de ses intrigues; mais depuis la perte de la bataille de Worcester, plus actif que jamais, à l'aide de ses amis et de ses correspondans, et principalement de l'évêque de *****, il avait dirigé la fuite du roi du côté de Woodstock, quoique ce n'eût été que le jour même de l'arrivée de ce prince qu'il eût pu l'assurer qu'il trouverait une retraite sûre dans cet ancien château.

Albert admirait l'esprit intrépide et les ressources inépuisables de cet ecclésiastique entreprenant; mais il sentait que le docteur ne l'avait pas mis en état de répondre de Charles d'une manière aussi précise qu'aurait dû le faire un sujet à qui son maître avait confié le soin de sa sûreté. Son but était donc maintenant de pouvoir considérer une affaire si importante sous tous ses différens points de vue, comme devait le désirer un homme sur qui pesait une telle responsabilité.

Ses connaissances locales lui auraient à peine suffi pour trouver l'appartement secret du docteur, si un fumet appétissant de gibier rôti ne lui eût servi de guide à travers des corridors obscurs, et ne lui eût indiqué les escaliers délabrés qu'il devait monter ou descendre, ainsi que les trappes et les armoires par où il devait passer. Ce fut ainsi qu'il arriva dans une espèce de sanctuaire où Jocelin Joliffe servait au bon docteur un déjeuner solennel consistant principalement en gibier avec un pot de petite bière dans laquelle trempait une branche de romarin, boisson que Rochecliffe préférait aux liqueurs plus fortes. Près de lui était Bevis, assis sur sa queue, se léchant les lèvres, et faisant l'aimable, l'odeur séduisante du déjeuner l'ayant emporté sur la dignité native de son caractère.

L'appartement dans lequel le docteur s'était établi, était une petite chambre octogone dont les murs cachaient dans leur prodigieuse épaisseur de nombreux passages communiquant avec diverses parties du bâtiment. Autour de lui on voyait des faisceaux d'armes de toute espèce, et un baril qui semblait contenir de la poudre, plusieurs liasses de papier, quelques clefs servant à déchiffrer des correspondances secrètes, deux ou trois morceaux de parchemin couvert d'hiéroglyphes qu'Albert prit pour des thèmes de nativité, des modèles de machines de différens genres; car le docteur était aussi un adepte en mécanique; enfin des outils, des masques, des manteaux et des vêtemens de toute espèce, avec une foule d'autres objets appartenans au métier de conspirateur. Dans un coin était une cassette remplie de pièces d'or et d'argent de différens pays, et qui était restée ouverte, comme si c'eût été ce dont le docteur Rochecliffe faisait le moins de cas, quoique sa manière d'être en général annonçât, sinon la pauvreté, du moins une fortune très-bornée. A côté de son assiette était une Bible et un livre de prières, avec quelques épreuves qui semblaient sortir de la presse. Un peu plus loin, mais à portée de la main, on voyait un *dirk* ou poignard écossais, une poire à poudre, un mousquet et une paire de beaux pistolets de poche. Au milieu de cette collection bizarre, le docteur déjeunait de bon appétit, sans être plus inquiet du voisinage des armes dangereuses dont il était environné, qu'un ouvrier habitué à braver les périls d'une manufacture de poudre.

— Eh bien, jeune homme, dit-il en se levant et en tendant la main à Albert, venez-vous pour déjeuner amicalement avec moi, ou pour troubler mon repas du matin, comme vous avez troublé hier celui du soir en me faisant des questions hors de saison ?

— Je rongerai un os avec vous de tout mon cœur, répondit Albert ; et avec votre permission, docteur, je vous ferai en même temps quelques questions qui ne me paraissent pas tout-à-fait hors de saison.

En parlant ainsi, il se mit à table, et aida le docteur à rendre un compte satisfaisant de deux canards sauvages et d'un trio de sarcelles. Bevis, qui tenait sa place avec patience ou en faisant comprendre de temps en temps que le rôle de spectateur oisif ne lui convenait pas, obtint sa part d'un plat de tranches de veau qui était aussi sur la table. Bevis, comme la plupart des chiens biens dressés, dédaignait la chair des oiseaux aquatiques.

— Eh bien, Albert, voyons, de quoi s'agit-il? dit le docteur en mettant sur son assiette son couteau et sa fourchette, et en ôtant la serviette attachée sous son menton, dès que Jocelin se fut retiré ; je vois que tu es encore le même que lorsque j'étais ton gouverneur ; — il ne te suffisait jamais d'avoir appris une règle de grammaire, il fallait toujours que tu me persécutasses de questions pour savoir pourquoi cette règle était ainsi, et non autrement, — ayant soif de détails que tu n'aurais pu comprendre, comme Bevis avait faim tout-à-l'heure d'une aile de canard sauvage qu'il n'aurait pas pu manger.

— J'espère que vous me trouverez plus raisonnable, docteur, et en même temps que vous vous souviendrez que je ne suis plus *sub feruld*, mais que je me trouve placé dans des circonstances qui ne me permettent pas d'agir d'après le *ipse dixit* de qui que ce soit, à moins que mon jugement ne soit convaincu. Je mériterais d'être pendu, écartelé, tiré à quatre chevaux, s'il arrivait, par ma faute, quelque accident dans cette affaire.

— Et c'est pour cela même, Albert, que je désire que vous m'en laissiez entièrement la conduite, sans vous en mêler. — Vous dites que vous n'êtes plus *sub feruld*, — à la bonne heure: mais souvenez-vous que tandis que vous combattiez sur le champ de bataille, je dressais des plans dans mon cabinet, — que je connais tous les projets des amis du roi, — tous les mouvemens de ses ennemis, — aussi bien qu'une araignée connait les fils de sa toile. — Songez à mon expérience. — Il n'y a pas dans tout le pays un seul Cavalier qui n'ait entendu parler de Rochecliffe le comploteur. J'ai été le membre agissant dans tout ce qu'on a tenté depuis 1642 ; — j'ai rédigé des déclarations, entretenu des correspondances, communiqué avec les chefs, levé des soldats, procuré des armes, trouvé de l'argent, fixé des rendez-vous. — J'étais la cheville ouvrière de l'insurrection de l'Ouest, de la pétition de la cité de Londres, et du soulèvement de sir John Owen dans le pays de Galles. — En un mot, j'ai été l'ame de tous les complots tramés en faveur du roi, depuis l'affaire de Tomkins et de Challoner.

— Mais tous ces complots n'ont-ils pas échoué? Tomkins et Challoner n'ont-ils pas été pendus?

— Sans doute, répondit gravement le docteur; comme l'ont été beaucoup d'autres qui ont coopéré avec moi, mais uniquement parce qu'ils n'ont pas suivi implicitement mes avis. — Vous n'avez jamais entendu dire que j'aie été pendu, moi.

— Ce moment peut encore arriver, docteur; tant va la cruche à l'eau..... ce proverbe sent un peu le moisi, comme dirait mon père. — Mais moi aussi j'ai quelque confiance en mon propre jugement, et malgré toute ma vénération pour l'Église, je ne puis souscrire tout-à-fait à la doctrine de l'obéissance passive. Je vous dirai donc en un mot sur quels points il me faut une explication; ensuite ou vous me la donnerez, ou je rendrai compte au roi que vous ne voulez pas lui faire connaître votre plan; et en ce cas, s'il suit mon avis, il quittera Woodstock, et reprendra son premier projet de gagner la côte sans délai.

— Eh bien donc, questionneur soupçonneux, fais-moi tes interrogations, et si elles n'exigent pas que je trahisse la confiance qui m'a été accordée, j'y répondrai.

— D'abord quelle est toute cette histoire d'esprits, d'apparitions, de sorcellerie, vraies ou prétendues? Et croyez-vous qu'il soit prudent à Sa Majesté de rester dans une maison où il se passe de pareilles scènes?

— Il faut vous contenter de ma réponse *in verbo sacerdotis*. — Les circonstances dont vous parlez ne se représenteront pas à Woodstock tant que le roi y séjournera. — Je ne puis m'expliquer davantage; mais je garantis ce fait sur ma tête.

— En ce cas, il faut que nous acceptions le cautionnement du révérend docteur, en garantie que le diable s'oblige à vivre en paix avec notre souverain seigneur le roi. — Fort bien. — Maintenant je sais qu'un drôle nommé Tomkins a rôdé hier pendant toute la soirée dans ce château, et il y a peut-être même couché. — C'est un indépendant bien prononcé; — il est secrétaire, ou je ne sois quoi, du régicide Desborough. — C'est un homme bien connu, fanatique, extravagant dans ses opinions religieuses; mais, dans ses affaires privées, clairvoyant, adroit, et intéressé autant qu'aucun de ces misérables.

— Soyez tranquille; nous nous servirons de son fanatisme religieux pour égarer son adresse mondaine. — Un chien peut conduire un pourceau, s'il a l'esprit d'attacher une corde à l'anneau passé dans les naseaux de l'animal immonde.

— Vous pouvez vous tromper. On rencontre aujourd'hui beaucoup de gens comme ce drôle, dont la manière de voir au spirituel et au temporel est si différente, qu'on pourrait la comparer aux yeux d'un homme louche, dont l'un, suivant une ligne oblique, n'aperçoit que le bout de son nez, tandis que l'autre, loin de partager le même défaut, est doué d'une vue longue, pénétrante, et qui atteint directement son objet.

— Nous couvrirons le bon œil avec une mouche, et il ne pourra voir que de celui qui est imparfait. — Il est bon que vous sachiez que ce drôle a toujours vu le plus grand nombre d'apparitions, et les plus effrayantes. Il n'a pas le courage d'un chat en pareilles occasions, quoiqu'il ne manque pas de bravoure quand il a des antagonistes terrestres. — Je l'ai recommandé aux soins de Jocelin Joliffe, qui, en le faisant boire, et en lui contant des histoires d'esprits, le mettrait hors d'état de savoir ce qui se passe quand vous proclameriez le roi en sa présence.

— Mais pourquoi souffrir ici un pareil drôle?

— Oh! soyez sans inquiétude! — C'est une sorte d'armée assiégeante, ou plutôt une espèce d'ambassadeur de ses dignes maîtres, et nous pouvons être sûrs que nous ne recevrons pas leur visite tant qu'ils pourront savoir tout ce qui s'y passe par les rapports de Tomkins le Fidèle.

— J'ai toute confiance en Jocelin, et s'il m'assure qu'il surveillera ce drôle, je serai sans inquiétude. Jocelin ne sait pas combien nous jouons gros jeu; mais je lui ai dit qu'il y allait de ma vie, et cela suffira pour le rendre vigilant. — A présent, je continue : — Si Markham Everard arrivait ici?

— Nous avons sa parole qu'il n'y viendra point, — sa parole d'honneur, que nous a transmise son ami. — Croyez-vous qu'il soit homme à y manquer?

— Je l'en crois incapable. Je pense même que Markham ne voudrait pas abuser de ce que le hasard lui ferait découvrir. — Mais à Dieu ne plaise que nous soyons dans la nécessité de nous fier à qui que ce soit qui a combattu sous les bannières du parlement, quand il s'agit d'une affaire d'une telle importance.

— Amen! Ne vous reste-t-il plus d'autres inquiétudes?

— Je vois ici avec peine ce jeune impudent, cet avantageux, qui se prétend un Cavalier; — cet intrus qui s'est introduit hier soir en notre compagnie, et qui a gagné le cœur de mon père en racontant une histoire du siège de Brentford, où j'ose dire qu'il n'a jamais été.

— Vous le jugez mal, mon cher Albert. Roger Wildrake, quoique je ne le connaisse personnellement que depuis peu, est un jeune homme bien né : il avait étudié pour le barreau, et il a dépensé toute sa fortune au service du roi.

— Dites plutôt au service du diable, docteur. Ce sont des drôles comme lui qui, après avoir porté la licence dans nos rangs, deviennent des fainéans débauchés, infestent le pays par leurs brigandages, passent la nuit à brailler dans les caveaux et cabarets, et par leurs juremens diaboliques, leur loyauté de têtes chaudes, et leur valeur d'ivrogne, sont cause que les gens honnêtes ont en horreur le nom même de Cavalier.

— Hélas! cela n'est que trop vrai ; mais à quoi pouvez-vous vous attendre? Quand une fois la ligne qui sépare les classes les plus élevées des classes inférieures vient à s'effacer, et qu'elles se mêlent indistinctement, les premiers perdent souvent, dans la confusion générale des mœurs et des manières, les plus précieuses des qualités qui leur sont propres. — De même qu'une poignée de médailles d'argent perdront leur couleur et leur empreinte si on les secoue dans un sac rempli d'une vile monnaie de cuivre. Même la première médaille de toutes, celle que nous autres royalistes nous voudrions si ardemment porter sur notre cœur, a peut-être subi quelque détérioration. — Mais que d'autres langues que la mienne parlent de ce dernier sujet.

Albert Lee réfléchit profondément pendant quelques instans sur tout ce qu'il venait d'entendre. — Docteur, dit-il enfin, il est généralement reconnu, même par ceux qui pensent que vous avez été quelquefois trop ardent à pousser les autres à des entreprises dangereuses...

— Que Dieu pardonne à ceux qui ont conçu de moi une fausse opinion!

— Que cependant vous avez fait et souffert pour le roi plus qu'aucun membre de votre profession.

— Ils me rendent justice en cela, — justice rigoureuse.

— Je suis donc disposé à m'en rapporter à votre opinion, si, tout bien considéré, vous croyez que nous puissions rester à Woodstock en toute sûreté.

— Ce n'est pas là ce dont il s'agit.

— De quoi s'agit-il donc?

— De savoir s'il est possible de faire mieux. Car je regrette de dire que la question doit être toute relative, une question de choix. Nulle alternative, hélas! ne peut nous présenter en ce moment une sûreté absolue. Mais je dis que Woodstock, avec les ressources qu'il nous offre, et les précautions que nous prenons, est l'endroit le plus convenable que nous puissions choisir pour y cacher le roi.

— Il suffit; je cède à votre opinion, comme à celle d'un homme qui a en ce genre d'affaires des connaissances plus étendues et plus approfondies que les miennes, pour ne rien dire de votre âge et de votre expérience.

— Et vous avez raison, dit Rochecliffe : si d'autres avaient agi avec la même défiance d'eux-mêmes, et avec une confiance semblable en ceux qui étaient plus instruits, le siècle s'en serait mieux trouvé. — C'est ainsi que l'intelligence se renferme dans sa forteresse, et que l'esprit monte au haut de sa tour (1). — Et regardant autour de sa chambre avec un air de complaisance, il ajouta : — L'homme sage prévoit la tempête, et se cache pour s'y soustraire.

— Eh bien, docteur, employons notre prévoyance au profit de celui dont la personne est bien autrement précieuse que la nôtre. — Permettez-moi de vous demander si vous avez bien réfléchi sur la question de savoir si celui qui est pour nous un dépôt si important doit continuer à faire société avec ma famille, ou s'il ne vaut pas mieux qu'il se tienne dans un des recoins secrets de ce château ?

— Hum ! — je pense que le meilleur parti est qu'il continue à être Louis Kerneguy, et qu'il se tienne près de vous.....

— Je crains qu'il ne soit à propos que je fasse une excursion au dehors, et que je me montre dans quelque canton plus éloigné, de peur qu'en venant ici pour m'y chercher on n'y trouve une prise plus précieuse.

— Ne m'interrompez pas, je vous prie. — Et qu'il se tienne près de vous, dis-je, ou de votre père, soit dans l'appartement de Victor Lee, soit dans quelque pièce qui en soit très-voisine. Vous savez qu'il peut aisément en disparaître si quelque danger le menaçait. — Je ne vois rien de mieux à faire pour le moment. — J'espère avoir des nouvelles du navire aujourd'hui, demain au plus tard.

Albert prit congé du vieillard actif, mais opiniâtre, admirant l'espèce de plaisir que le docteur semblait prendre dans des intrigues qui étaient devenues comme

(1) Citation biblique. — Éd.

son élément, malgré tout ce que le poète a dit des horreurs qui surviennent entre le projet et l'exécution d'une conspiration (1).

En sortant du sanctuaire du docteur Rochecliffe, il rencontra Jocelin, qui le cherchait avec une sorte d'inquiétude, et qui lui dit d'un ton mystérieux :

— Le jeune gentilhomme écossais est levé; m'entendant passer, il m'a appelé et m'a dit d'entrer dans son appartement.

— Fort bien, répondit Albert, je vais y aller sur-le-champ.

— Et il m'a demandé du linge blanc et d'autres habits, monsieur. Or il a l'air d'un homme habitué à être obéi; de sorte que je suis allé lui chercher de votre linge, et lui ai donné un habit complet que j'ai trouvé dans une garde-robe de la tour occidentale. Enfin, après s'être habillé, il m'a commandé de le conduire dans l'appartement où étaient sir Henry Lee et ma jeune maîtresse; sur quoi j'ai voulu prendre la liberté de l'engager à attendre que vous fussiez de retour; mais il m'a tiré doucement par l'oreille, car il est d'une humeur naturellement joviale, et m'a dit qu'il était l'hôte de maître Albert Lee, et non son prisonnier. Si bien, monsieur, que, quoique je craignisse de vous déplaire en le laissant sortir, et peut-être se montrer à ceux dont il vaudrait mieux qu'il ne fût pas vu, — que pouvais-je faire?

— Vous êtes un garçon de bon sens, Jocelin, et vous comprenez toujours parfaitement ce qu'on vous recommande. — Je crains bien que ni vous ni moi ne

(1) L'auteur fait ici allusion à plusieurs scènes de Shakspeare.
Éd.

puissions empêcher ce jeune homme de faire ses volontés. — Mais à propos, avez-vous soin de surveiller exactement ce drôle de Tomkins, cet espion?

— Fiez-vous à moi, monsieur, et n'ayez pas d'inquiétude de ce côté. — Mais, monsieur, je voudrais bien revoir à ce jeune Écossais les vêtemens qu'il avait hier sur le dos, car les habits qu'il porte à présent lui donnent une bien autre tournure.

D'après la manière dont s'exprimait ce fidèle serviteur, Albert vit bien qu'il soupçonnait qui était véritablement ce prétendu page écossais; cependant il ne jugea pas à propos de lui avouer un fait d'une si haute importance, étant également sûr de sa fidélité, soit qu'il lui accordât une confiance entière, soit qu'il l'abandonnât à ses conjectures.

Livré lui-même à quelques inquiétudes, il se rendit à l'appartement de Victor Lee, où Jocelin lui avait dit qu'il trouverait le jeune Écossais avec son père et sa sœur. Comme il allait en ouvrir la porte, des accens de gaieté le firent presque tressaillir, tant ils étaient peu d'accord avec les réflexions mélancoliques et inquiétantes dont il était occupé. Il entra, et trouva son père en bonne humeur, riant et conversant librement avec le jeune page, dont l'extérieur était tellement changé à son avantage qu'il semblait presque impossible qu'une nuit de repos, un peu de toilette et des vêtemens plus décens eussent déjà suffi pour opérer en lui une métamorphose si favorable. On ne pouvait certes l'attribuer entièrement au changement d'habits, quoique cette circonstance produisît sans doute quelque effet.

Il n'y avait pourtant rien de splendide dans le costume nouveau de Louis Kerneguy, à qui nous continuerons à donner ce nom emprunté. C'était un habit de drap gris galonné en or, comme les gentilshommes campagnards en portaient alors pour monter à cheval; mais il semblait avoir été fait pour lui, et il allait à ravir à son teint basané, maintenant surtout qu'il tenait la tête haute et qu'il montrait les manières d'un jeune homme non-seulement bien né, mais accompli sous tous les rapports. Sa démarche, qui la veille lui donnait l'air de boiter d'une manière gauche et désagréable, n'offrait plus qu'une gêne légère, qui, bien loin de déplaire, pouvait même avoir quelque chose d'intéressant dans ces temps de dangers, parce qu'elle pouvait être la suite de quelque blessure.

Les traits du monarque fugitif avaient toujours quelque chose de dur; mais il avait quitté sa perruque rousse; ses cheveux noirs, arrangés avec l'aide de Jocelin, tombaient sur son front en boucles, sous lesquelles brillaient de beaux yeux noirs qui répondaient au caractère animé de sa physionomie. Il ne se servait plus en parlant de ce dialecte vulgaire et grossier qu'il avait si singulièrement affecté la veille, et quoiqu'il mêlât toujours à la conversation quelques expressions écossaises, pour continuer le même rôle, ce n'était pas à un degré qui pût rendre son langage inintelligible ou désagréable, c'était seulement de manière à y donner une certaine teinte *dorique* (1), essentielle au personnage qu'il représentait.

Personne au monde ne savait mieux se conformer au ton de la société dans laquelle il se trouvait. L'exil lui avait fait connaître toutes les vicissitudes de la vie. —

(1) Dialecte mêlé. — Éd.

Son humeur n'était pas précisément aimable, mais joviale. — Il était doué de cette espèce de philosophie épicurienne qui, même au milieu des plus cruels embarras et des plus grands dangers, peut se livrer par intervalles à toutes les jouissances du moment. — En un mot, il était dans sa jeunesse et ses infortunes ce qu'il fut ensuite étant roi, un voluptueux de bonne humeur, mais à cœur dur ; — sage, si ce n'est quand ses passions intervenaient ; — libéral, excepté quand la prodigalité l'avait privé des moyens de l'être, ou que ses préventions lui en ôtaient le désir. — Ses défauts étaient tels qu'ils auraient pu souvent lui attirer la haine, s'il n'y eût joint tant d'affabilité que celui qui éprouvait de sa part une injustice ne pouvait en conserver de ressentiment.

Albert Lee trouva son père, sa sœur et le page supposé occupés à déjeuner, et il prit aussi place à table. Il regardait d'un air pensif et inquiet tout ce qui se passait, tandis que le page, qui avait déjà complètement gagné le cœur du vieux Cavalier en contrefaisant le ton avec lequel les prédicateurs écossais prêchaient en faveur de — mon bon lord le marquis d'Argyle, — et de la ligue solennelle du Covenant, tâchait d'intéresser à son tour la belle Alice en lui racontant des scènes de guerre et de dangers ; ce que l'oreille d'une femme a toujours écouté avec intérêt depuis le temps de Desdemona (1).

Mais ce n'était pas seulement de dangers encourus par terre et par mer que le roi déguisé lui parlait ; il lui fai-

---

(1) Je lui racontais mes dangers ; — ce fut là toute ma magie. SHAKSPEARE. *Othello.* — ÉD.

sait plus souvent encore la description animée des fêtes, des banquets et des bals qu'il avait vus en pays étranger, et où la magnificence de la France, de l'Espagne et des Pays-Bas, était déployée aux yeux de leurs beautés les plus brillantes. Par suite de la guerre civile, Alice, élevée à la campagne, avait passé dans la solitude la plus grande partie de sa vie : il n'était donc pas étonnant qu'elle écoutât avec plaisir les discours que lui adressait avec tant de gaieté un jeune homme qui était l'hôte de son père et le protégé de son frère, d'autant plus qu'il les entremêlait du récit d'exploits militaires, et qu'il y joignait même quelquefois une réflexion sérieuse, de manière à leur ôter toute apparence de légèreté et de frivolité.

En un mot, sir Henry riait de tout son cœur; Alice riait de temps en temps, et tous étaient complètement satisfaits, à l'exception d'Albert, qui éprouvait un accablement d'esprit dont il aurait eu peine à donner une raison valable.

Enfin la table fut desservie par l'active et gentille Phœbé, qui chercha plus d'un prétexte pour rester plus long-temps, et qui plus d'une fois lorgna en tournant à demi la tête pour écouter les discours de ce même page que la veille, en servant à table, elle avait regardé comme un des individus les plus stupides pour qui les portes de la Loge de Woodstock se fussent ouvertes depuis le temps de la belle Rosemonde.

Quand le bruit causé par la desserte du déjeuner fut terminé, et Phœbé absente, Louis Kerneguy parut songer que son ami, son patron, Albert Lee, ne devait pas rester tout-à-fait dans l'ombre pendant qu'il accaparait lui-même l'attention des autres membres d'une famille où il était introduit depuis si peu de temps. Il se leva donc, et, allant s'appuyer sur le dossier de la chaise d'Albert, il lui dit avec un ton de gaieté qui rendait son intention parfaitement intelligible :

— Ou mon bon ami, mon guide, mon patron, a appris ce matin de mauvaises nouvelles dont il ne se soucie pas de nous faire part, ou il faut qu'il ait marché sur mon vieux pourpoint vert et mes guêtres de cuir, dont le contact lui a donné cette stupidité que j'ai secouée hier au soir en quittant ces déplorables vêtemens. — Montrez plus de gaieté, mon cher colonel Albert, si vous permettez à votre page affectionné de vous parler ainsi. — Vous êtes près de personnes dont la société, chère à des étrangers, doit l'être doublement pour vous.

— Égayez-vous donc ! corbleu ! je vous ai vu manger gaiement un morceau de pain et du cresson de fontaine; comment la gaieté peut-elle vous manquer après un déjeûner de venaison arrosé de vin du Rhin ?

— Mon cher Louis, dit Albert faisant un effort pour rompre un silence dont il était presque honteux, j'ai moins bien dormi que vous, et je me suis levé de meilleure heure.

— Quand cela serait, dit sir Henry, ce n'est pas, à mon avis, une excuse valable pour ce sombre silence. Après une si longue absence, après toutes nos inquiétudes pour vous, Albert, vous revoyez votre père et votre sœur presque comme des étrangers. Et cependant vous voilà de retour parmi eux et en sûreté, et vous nous trouvez tous deux en bonne santé.

— De retour, il est vrai, mon père ; mais en sûreté, c'est ce qu'on ne pourra dire d'ici à quelque temps d'aucun de ceux qui sont revenus de la bataille de Worcester. Et cependant ce n'est pas ma propre sûreté qui m'inquiète.

— Et pour qui donc êtes-vous inquiet? — Toutes les nouvelles s'accordent à dire que le roi est heureusement hors de la gueule des chiens.

— Non sans quelque danger cependant, dit Louis Kerneguy pensant à la manière dont Bevis l'avait attaqué la veille.

— Non sans quelque danger, il est vrai, répéta le chevalier; mais comme le dit le vieux Will :

> De tant de majesté le ciel entoure un roi
> Qu'un traître même craint de lui manquer de foi.

Oui, oui, graces en soient rendues à Dieu! le ciel y a veillé; — notre espoir, notre fortune a échappé à ses ennemis, — toutes les nouvelles l'assurent, — échappé par Bristol. — Si j'en doutais, Albert, je serais aussi mélancolique que vous. — Du reste, j'ai demeuré un mois caché dans cette demeure, à une époque où l'heure de ma découverte aurait été celle de ma mort. Et il n'y a pas bien long-temps; c'était après l'insurrection de lord Holland et du duc de Buckingham à Kingston. Mais du diable si j'ai pensé une seule fois à donner à ma physionomie une expression aussi tragique que la vôtre. Je mis mon chapeau sur l'oreille, et je narguai l'infortune, comme doit le faire un Cavalier.

— S'il m'est permis d'ajouter un mot, dit Louis, ce serait pour assurer le colonel Albert Lee que je suis convaincu que le roi, quel que soit son destin en ce moment, le regarderait comme beaucoup plus fâcheux s'il savait que ce fût un motif pour que ses plus fidèles sujets tombassent dans l'accablement.

— Vous répondez du roi bien hardiment, jeune homme, dit sir Henry.

— Mon père était souvent près de sa personne, répliqua Louis avec l'accent écossais, se rappelant le rôle qu'il jouait.

— Je ne m'étonne donc plus, dit sir Henry, que vous ayez retrouvé si tôt votre gaieté et vos bonnes manières en apprenant que Sa Majesté avait échappé à ses ennemis. Sur ma foi, vous ne ressemblez pas plus au jeune homme qui est arrivé ici hier soir, que le meilleur cheval de chasse que j'aie jamais eu ne ressemble à un cheval de charrette.

— Oh! une bonne nuit, un souper solide et un peu de toilette font bien des miracles, répondit Louis. On a peine à reconnaître la rosse fatiguée qu'on a montée la veille quand on la revoit le lendemain trépignant, hennissant, et prête à se remettre en course, après qu'elle s'est bien reposée, qu'elle a mangé l'avoine, et qu'elle a été bien étrillée, surtout si l'animal est de bonne race, car ce sont ceux qui se refont le plus vite.

— Eh bien, dit le chevalier, puisque ton père était courtisan, que tu connais un peu ce métier, à ce qu'il paraît, dis-nous quelque chose, maître Kerneguy, de celui dont nous aimons tous à entendre parler. Parle sans crainte du roi, nous sommes tous fidèles et discrets. — C'était un jeune homme donnant de grandes espérances. — Les fleurs promettent-elles d'être remplacées par de beaux fruits?

Pendant que sir Henry parlait ainsi, Louis baissa les yeux, et parut d'abord incertain de ce qu'il devait dire. Mais, doué d'une admirable facilité pour se tirer de pareils embarras, il répondit qu'il n'osait réellement se permettre de parler d'un tel sujet en présence de son patron, le colonel Albert Lee, qui devait être beaucoup plus en état que lui de porter un jugement sur le caractère du roi.

Ce fut donc à son fils que s'adressa alors le vieux chevalier, et Alice se joignit à lui.

— Je ne parlerai que d'après les faits, dit Albert, et par conséquent on ne pourra m'accuser de partialité. — Si le roi n'avait pas un esprit entreprenant et des connaissances militaires, il n'aurait jamais tenté l'expédition de Worcester. — S'il n'eût été doué de courage, il n'y eût pas disputé la victoire si long-temps, que Cromwell crut presque la bataille perdue. — Qu'il ne manque ni de prudence ni de patience, c'est ce que prouvent les circonstances de sa fuite, et il est évident qu'il possède l'amour de ses sujets, puisque, ayant été nécessairement reconnu par un grand nombre d'entre eux, il ne s'en est trouvé aucun qui l'ait trahi.

— Fi! Albert, s'écria sa sœur; est-ce ainsi qu'un bon Cavalier trace le portrait de son roi, appliquant une preuve à chaque qualité qu'il veut bien lui accorder, comme un colporteur qui mesure de la toile à l'aune?

— Fi! il n'est pas étonnant que vous ayez été vaincus si vous avez tous combattu pour votre roi aussi froidement que vous venez d'en parler.

— J'ai fait de mon mieux pour tracer un portrait qui ressemblât à ce que j'ai vu et connu de l'original, ma sœur; si vous en voulez un d'imagination, il faut vous adresser à un peintre qui en ait plus que je n'en possède.

— Je serai moi-même cet artiste, mon frère, et dans mon portrait, puisque je m'annonce avec de si hautes prétentions, notre monarque paraîtra tout ce qu'il doit être; — tout ce qu'il faut qu'il soit étant descendu de ses ancêtres; — tout ce que je suis sûre qu'il est, et tout ce que doivent le croire tous les cœurs loyaux de son royaume.

— Bien dit, Alice, répondit son père; nous verrons les deux portraits, et notre jeune ami jugera. Je gage mon meilleur cheval, — c'est-à-dire je le gagerais si l'on m'en avait laissé un, — qu'Alice sera le plus habile des deux peintres. — Je crois que l'esprit de mon fils est couvert d'un nuage depuis sa défaite. Il est encore au milieu de la fumée de Worcester. — Quelle honte ! — Un jeune homme se laisser abattre par une seule défaite ! Si tu avais été frotté vingt fois comme moi, je te pardonnerais d'avoir l'air consterné. — Mais allons, Alice, commence; les couleurs doivent être broyées sur ta palette. — Donne-moi quelque chose qui ressemble aux portraits vivans de Vandyck, à côté de l'image sèche et froide de celui de nos ancêtres que voilà, Victor Lee.

Il est bon de faire observer qu'Alice avait été élevée par son père dans les sentimens de cette loyauté exaltée qui caractérisait les Cavaliers, et qu'elle était réellement enthousiaste pour la cause royale. Mais en outre elle était animée par la joie que lui causait l'heureux retour de son frère; et enfin elle désirait prolonger la gaieté à laquelle elle voyait son père se livrer, ce qui était presque un phénomène en lui depuis un certain temps.

— Eh bien donc, dit-elle, quoique je ne sois pas un Apelles, je tâcherai de peindre un Alexandre, dont le modèle existe, comme je l'espère, comme je suis déterminée à le croire, dans la personne de notre souverain exilé, que je me flatte de revoir bientôt sur son trône. Et je ne chercherai ses traits que dans sa propre famille. — Il aura toute la valeur chevaleresque, toute la science militaire de son aïeul Henri IV de France, afin de remonter sur son trône ; — toute sa bonté, tout son amour pour son peuple, toute sa patience à écouter des avis, même désagréables, toute sa promptitude à sacrifier ses désirs et ses plaisirs au bien de son peuple, afin d'être chéri et béni tant qu'il portera la couronne, et de vivre si long-temps après sa mort dans la mémoire du peuple, que, pendant des siècles, on regardera comme un sacrilège de médire du trône qu'il aura occupé. — Long-temps après sa mort, tant qu'il restera un vieillard qui l'aura vu, ne fût-ce qu'un artisan ou un valet d'écurie, il sera logé, nourri, entretenu aux frais du public, et l'on regardera les cheveux blancs du pauvre homme avec plus de vénération que la couronne d'un comte, parce qu'il rappellera Charles II, le souverain de tous les cœurs d'Angleterre.

Tandis qu'Alice parlait ainsi, elle songeait à peine qu'un autre individu que son père et son frère l'écoutât; car le page s'était retiré à l'écart, et rien ne le rappelait à Alice. Elle se livra donc à son enthousiasme, et tandis qu'une larme brillait dans ses yeux, et que ses beaux traits s'animaient, elle ressemblait à un ange descendu du ciel pour proclamer les vertus d'un monarque patriote. Celui qui était le plus intéressé à ce qu'elle disait s'était écarté, comme nous l'avons dit, et cachait es traits en partie, mais de manière à se ménager la vue de ceux de la belle enthousiaste.

Albert Lee, qui savait en présence de qui sa sœur prononçait cet éloge, était fort embarrassé; mais son père, dont les sentimens de loyauté étaient encore exaltés par ce panégyrique, éprouvait des transports de joie.

— Voilà pour *le roi*, Alice, lui dit-il; maintenant que nous direz-vous de *l'homme?*

— Quant à l'homme, répondit Alice sur le même ton, je ne puis lui souhaiter rien de plus que les vertus de son malheureux père. Les plus cruels ennemis de ce prince infortuné ont été forcés d'avouer que, si les vertus morales et religieuses doivent être regardées comme les qualités qui méritent une couronne, personne n'y avait plus de droit. Sobre, sage, économe et cependant magnifique en récompensant le mérite; — ami des lettres et des muses, mais réprimant sévèrement l'abus de ces dons du ciel; estimable dans toute sa vie privée; bon maître; excellent ami; le meilleur père, le meilleur chrétien...... La voix commençait à manquer à Alice, et son père avait déjà appliqué un mouchoir à ses yeux.

— Il était tout cela, ma fille, s'écria-t-il, il était tout cela. — Mais n'en dites pas davantage, je vous le défends; — pas davantage; — en voilà assez! — Que son fils possède seulement ses vertus, qu'il ait de plus sages conseillers et une meilleure fortune, et il sera tout ce que l'Angleterre peut désirer, quelque haut qu'elle porte ses désirs.

A ces discours succédèrent quelques instans de silence. Alice commençait à craindre de s'être exprimée avec plus de chaleur et d'enthousiasme qu'il ne convenait à son âge et à son sexe; sir Henry était occupé de réflexions pénibles sur le sort de son ancien souverain; Kerneguy et son patron éprouvaient quelque embarras, occasioné peut-être parce qu'ils sentaient tous deux que le véritable Charles ne ressemblait pas tout-à-fait au portrait idéal et flatteur qui venait d'en être tracé. Il est des cas où des éloges exagérés ou mal appliqués deviennent la satire la plus sévère.

Mais celui à qui ces réflexions auraient pu être le plus utiles n'était pas homme à s'y abandonner long-temps. Prenant le ton de la raillerie, ce qui est peut-être le moyen le plus facile pour échapper aux reproches que fait la conscience : — Tout Cavalier, dit-il, devrait fléchir le genou devant miss Alice Lee pour la remercier d'avoir tracé un portrait si flatteur du roi notre maître en mettant à contribution pour lui toutes les vertus de ses ancêtres. — Il n'y a qu'un seul point sur lequel je n'aurais pas cru qu'une femme peintre pût garder le silence. Après avoir fait de lui, comme héritier des vertus de son aïeul et de son père, un abrégé de toutes les qualités royales et humaines, pourquoi ne lui a-t-elle pas donné en même temps quelques-uns des traits de sa mère? — Pourquoi le fils d'Henriette-Marie, la plus belle femme de son temps, ne joindrait-il pas à toutes les qualités du cœur et de l'esprit la recommandation d'une figure agréable et d'un bel extérieur? — Il avait le même droit héréditaire à la beauté physique qu'aux qualités morales. Le portrait, avec cette addition, serait parfait dans son genre, — et plût au ciel qu'il fût ressemblant!

— Je vous comprends, maître Kerneguy, dit Alice; mais je ne suis pas une fée, pour accorder, comme on le voit dans les contes avec lesquels on nous berce, des dons que la Providence a refusés. Je suis assez femme pour avoir pris des renseignemens à ce sujet, et la voix générale assure que le roi, quoique fils de parens remarquables par leur beauté, est d'une laideur peu ordinaire.

— Juste ciel, ma sœur! s'écria Albert en se levant avec un air d'impatience.

— Vous me l'avez dit vous-même, dit Alice, surprise de l'émotion qu'il montrait; vous m'avez assuré que......

— Cela est insupportable! murmura Albert. — Il faut que je sorte pour parler sur-le-champ à Jocelin. — Louis, ajouta-t-il en adressant au faux page un regard suppliant, vous m'accompagnerez, sûrement.

— Je le voudrais de tout mon cœur, répondit Kerneguy avec un sourire malin, mais vous voyez que je boite encore. Et résistant aux efforts que faisait le jeune colonel pour le décider à le suivre: — Allons donc Albert, lui dit-il à voix basse, pouvez-vous supposer que je suis assez fou pour m'offenser de cela? au contraire, je désire en profiter.

— Dieu le veuille! pensa Albert en sortant de l'appartement; ce sera la première instruction dont vous aurez profité, et au diable soient les complots et les comploteurs qui m'ont fait vous amener ici!

Il sortit du château, et alla promener son mécontentement dans le parc.

CHAPITRE XXIII.

> « C'est en ces lieux, dit-on, qu'il fréquente sans cesse
> » Les dangereux amis qui perdent sa jeunesse,
> » Tandis que l'insensé, dans sa fougueuse ardeur,
> » D'imiter leurs excès se fait un point d'honneur. »
>
> <div align="right">Shakspeare. <i>Richard II.</i></div>

La conversation qu'Albert s'était en vain efforcé d'interrompre continua à rouler sur le même sujet après son départ. Elle amusait Louis Kerneguy, car la vanité personnelle et le ressentiment d'un reproche mérité étaient bien loin d'être au nombre de ses défauts ; il avait un esprit au-dessus de ces faiblesses, et avec des principes plus sûrs, plus de résolution, plus de fermeté, et plus de force pour résister à ses passions, Charles II aurait été placé à un rang très-élevé parmi les monarques anglais.

De son côté, sir Henry écoutait avec un plaisir bien

naturel les nobles sentimens exprimés par un être qui lui était aussi cher que sa fille. Il avait lui-même des qualités plus solides que brillantes, et il était doué de cette espèce d'imagination qui ne s'éveille que par le contact d'une autre, comme le globe électrique ne produit des étincelles que par le frottement. Il ne fut donc pas fâché d'entendre Kerneguy renouer la conversation en disant que miss Alice Lee n'avait pas expliqué pourquoi la même fée bienfaisante qui accordait des qualités morales ne pouvait également faire disparaître des imperfections physiques.

—Vous vous méprenez, monsieur, répondit Alice; je n'accorde rien; je ne fais qu'essayer de peindre notre roi tel que j'espère qu'il est, — tel que je suis sûre qu'il peut être, s'il en a lui-même le désir. La même voix publique qui lui attribue des traits peu prévenans parle de ses talens comme étant du premier ordre. Il a donc les moyens d'arriver à un degré de perfection, s'il veut les cultiver avec soin, et les employer utilement, — s'il veut commander à ses passions, et se laisser guider par sa raison. Tout homme vertueux n'est pas nécessairement doué de talens; mais tout homme qui a des talens peut se rendre recommandable par la vertu, si bon lui semble.

Louis Kerneguy se leva avec vivacité, fit un tour dans la chambre, et avant que le vieux chevalier eût le temps de faire une observation sur le mouvement singulier qui avait paru l'agiter tout à coup, il se rejeta sur sa chaise, et dit d'une voix un peu altérée :

— Il paraît, miss Lee, que les bons amis qui vous ont parlé de ce pauvre roi vous ont rendu un compte aussi défavorable de sa conduite que de sa personne.

—Vous pouvez connaître la vérité beaucoup mieux que moi, monsieur, répondit Alice; mais il est certain que le bruit public l'accuse d'une licence qui, quoi que puissent dire les flatteurs pour l'excuser, ne convient pas, pour ne rien dire de plus, au fils du roi martyr.— Je serais bien charmée d'entendre démentir ces propos d'après de bonnes autorités.

—Je suis surpris de votre folie, Alice! s'écria sir Henry. Comment pouvez-vous faire allusion à de pareilles sottises? — Calomnies inventées par les brigands qui ont usurpé le gouvernement, — mensonge que font courir nos ennemis.

—Doucement, monsieur, dit Kerneguy en souriant, que votre zèle n'aille pas jusqu'à donner à nos ennemis encore plus de torts qu'ils n'en ont réellement. C'est à moi que miss Alice a adressé sa question; et j'y répondrai que personne ne peut être plus dévoué au roi que je ne le suis; — que je vois ses bonnes qualités d'un œil partial; — que je suis aveugle sur ses défauts; — en un mot que je suis le dernier homme du monde qui abandonnerait sa cause; cependant je dois avouer que, si les mœurs de son aïeul le roi de Navarre ne sont pas tout-à-fait les siennes, ce pauvre roi a hérité d'une partie des taches qu'on regardait comme pouvant ternir le lustre dont brillait ce grand prince; — que Charles a le cœur un peu tendre, un peu faible, quand il s'agit du beau sexe. — Ne le blâmez pas trop sévèrement, miss Alice. Quand le destin cruel d'un homme le jette au milieu des épines, il serait un peu dur de lui faire un reproche de cueillir quelques roses.

Alice, qui jugea sans doute que la conversation avait été poussée assez loin, se leva pendant que maître Kerneguy parlait encore, et elle sortit de l'appartement sans avoir l'air de l'avoir entendu. Son père approuva son départ, pensant probablement que la tournure que le page venait de donner à l'entretien ne convenait pas aux oreilles de sa fille, et, désirant rompre civilement la conversation, il dit à Louis Kerneguy :

— Je m'aperçois que voici l'heure où, comme le dit Will, les affaires domestiques appellent ma fille ; — je vous proposerai donc, jeune homme, de donner un peu d'exercice à vos membres en faisant assaut avec moi à armes courtoises, comme la rapière seule ou la rapière et le poignard, ou vos armes nationales, c'est-à-dire la claymore, le bouclier. — Nous trouverons toutes ces armes sous le vestibule.

— Ce serait faire trop d'honneur à un pauvre page, répondit maître Kerneguy, que de lui permettre d'essayer une passe d'armes avec un chevalier aussi renommé que sir Henry Lee ; et je serai très-reconnaissant s'il daigne me l'accorder avant que je quitte Woodstock. Mais en ce moment ma jambe est encore si endolorie que cette épreuve ne pourrait que me couvrir de honte.

Sir Henry lui proposa alors de lui lire une pièce de Shakspeare, et il choisit Richard II. Mais à peine eut-il déclamé :

Vieux Jean de Gand, honorable Lancastre,

le jeune homme fut saisi d'un accès de crampe si subit et si violent qu'il dit que rien ne pourrait le soulager qu'un peu d'exercice. Il demanda donc la permission d'aller faire une promenade autour du château, si sir Henry croyait qu'il pût s'y hasarder sans danger.

—Je puis répondre de deux ou trois de nos gens qui nous restent encore, dit le chevalier; et je sais que mon fils en a chargé un d'être constamment aux aguets. Si vous entendez sonner la cloche du château, je vous recommande d'y revenir sur-le-champ par le chemin le plus court, en vous dirigeant vers le chêne du roi,—cet arbre que vous voyez s'élever au-dessus des autres dans cette clairière; —nous y posterons quelqu'un qui vous fera rentrer secrètement dans le château.

Le page écouta ces avis prudens avec l'impatience d'un écolier qui, désirant jouir de son jour de congé, entend, sans trop d'attention, les avis de son père, ou de son gouverneur, qui lui recommande de prendre garde de gagner un rhume.

La retraite d'Alice Lee avait fait disparaître tout ce qui rendait l'intérieur de la Loge agréable au jeune page, et il s'empressa d'échapper au genre d'exercice et d'amusement que sir Henry lui avait proposé. Il prit sa rapière, jeta sur ses épaules son manteau, ou pour mieux dire celui qui faisait partie des vêtemens d'emprunt qu'il portait, et en releva un pan de manière à cacher toute la partie inférieure de son visage, et à ne laisser apercevoir que les yeux. Cette manière de porter un manteau était alors très-ordinaire, et elle était adoptée dans les villes, à la campagne, dans les endroits publics, par tous ceux qui désiraient marcher sans interruption, et ne pas être arrêtés à chaque pas par quelqu'une de leurs connaissances. Il traversa l'espace découvert qui séparait la Loge du parc comme un oiseau échappé de sa cage, mais qui, quoique joyeux d'être en liberté, sent en même temps qu'il a besoin de protection et d'abri. Le bois offrait l'un et l'autre au monarque fugitif, comme il l'aurait offert à l'oiseau dont nous venons de parler.

Quand il fut entré dans la forêt, qu'il se trouva à couvert et sans témoins sous les arbres, et cependant ayant encore en vue la façade de la Loge, il se livra à ses réflexions.

— A quelle chance j'ai échappé ! — Faire assaut d'armes avec un vieillard goutteux qui, j'ose dire, ne connaît pas une seule feinte qui ne fût déjà pratiquée dans le temps de Vincent Saviolo! — ou, ce qui n'est qu'un autre genre de misère, — l'entendre lire un de ces labyrinthes de scènes que les Anglais appellent tragédie, depuis le prologue jusqu'à l'épilogue! — depuis la première entrée jusqu'à *exeunt omnes* (1) ! — C'eût été une horreur sans égale, — une pénitence capable de rendre un cachot encore plus sombre, d'ajouter à l'ennui même de Woodstock (2).

Ici il s'arrêta un instant, jeta un coup d'œil autour de lui, et reprit le cours de ses méditations.

— Ainsi donc c'était ici que l'ancien et joyeux roi normand cachait sa charmante maîtresse. — Sans l'avoir jamais vue, je réponds que Rosemonde Clifford n'a jamais été de moitié aussi jolie que cette aimable Alice

---

(1) *Sortie de tous les personnages.* Les Anglais ont conservé dans le langage explicatif des pièces de théâtre plus d'une expression latine; comme par exemple *Hamlet solus*, pour dire Hamlet seul; *dramatis personæ*, personnages : c'est un reste de tradition universitaire; car ce fut dans les universités que naquit le drame moderne.

(2) On reconnaît ici le prince qui, plus tard, favorisa les *pièces héroïques* de Dryden, faisant peu de cas de Shakspeare le barbare Voyez la *Vie de Dryden*, par sir Walter Scott. — Éd.

Lee. — Quelle ame respire dans ses yeux ! — Avec quel abandon elle se livrait à tout son enthousiame : — Si je devais rester long-temps ici, je serais tenté, en dépit de la prudence et de cinq à six vénérables obstacles, d'essayer de la réconcilier avec la laideur de ce même prince dont elle parlait !—Laideur !—Parler ainsi des traits du roi, c'est une sorte de haute trahison dans une femme qui a de si hautes prétentions à la loyauté. — Ah! gentille miss Alice ! plus d'une miss Alice a fait avant vous des exclamations terribles sur les irrégularités du genre humain et la corruption, qui a fini par être assez aise de trouver quelque excuse pour faire comme les autres.

— Mais son père,—ce vieux et brave Cavalier,—l'ancien ami de mon père ! — Si pareille chose arrivait, ce serait un crève-cœur pour lui !—Bon ! il a trop de bon sens pour cela. — Si je donnais à son petit-fils le droit d'ajouter les armes d'Angleterre à son écusson, qu'importerait qu'on y vît la barre de bâtardise? Ce serait un honneur et non une dégradation. Les professeurs de l'art héraldique l'en placeraient d'un degré plus haut sur la liste de la noblesse anglaise.—Ensuite s'il trouvait l'affaire un peu mortifiante, le vieux traître ne le mérite-t-il pas, d'abord pour son intention déloyale de faire à notre corps sacré des marques bleues et noires avec de vils fleurets, ensuite pour avoir ourdi un complot atroce avec un certain Will Shakspeare, drôle aussi suranné que lui-même, afin de m'assassiner par cinq actes d'une pièce historique, ou plutôt d'une chronique intitulée :—La vie et la mort piteuse de Richard II ?— Corbleu ! ma propre vie est assez piteuse, il me semble; et ma mort peut fort bien y servir de pendant, autant que je puis le prévoir.

—Oui, mais le frère,—mon ami,—mon guide,—mon unique garde-du-corps! — En tant que cette petite intrigue *in petto* le concerne, elle pourrait ne pas lui paraître tout-à-fait honorable. — Oh! tous ces frères impétueux, colères, vindicatifs, n'existent que sur le théâtre! Cet esprit de vengeance, avec lequel un frère poursuit avec toute la rage d'un pointilleux honneur un pauvre diable qui a séduit sa sœur, ou qui a été séduit par elle, comme le cas peut se présenter, cet esprit-là, certes, est entièrement passé de mode depuis que Dorset a tué lord Bruce, il y a bien des années. — Bon! quand un roi est l'offenseur, l'homme le plus brave peut bien dissimuler une petite injure dont il ne peut se venger personnellement. En France (1), il n'existe pas une seule famille noble qui ne levât la tête d'un pouce plus haut si elle pouvait se vanter d'une pareille alliance de la main gauche avec le grand monarque.

Telles étaient les pensées qui se succédaient dans l'esprit de Charles tandis qu'il s'éloignait de la Loge de Woodstock, et qu'il s'enfonçait dans la forêt. Sa morale dépravée n'était pourtant pas le résultat de ses dispositions naturelles, et sa raison ne l'écoutait pas sans scrupules; mais tel était le fruit de ses liaisons trop intimes avec de jeunes libertins de qualité et spirituels, tels que Villiers, Wilmot, Sedley, et plusieurs autres courtisans dont le génie était destiné à corrompre ce siècle et leur monarque. Ces jeunes gens, élevés au mi-

(1) Les Anglais n'ont jamais cessé d'attribuer à Charles II l'importation des mœurs françaises. Il faut avouer que les élèves avaient du moins bien surpassé leurs maîtres. Voyez la *Vie de Dryden*.

ÉD.

lieu de la licence de la guerre civile, et n'ayant jamais été soumis à ce frein que, dans un temps ordinaire, l'autorité des parens impose sur les passions impétueuses de leurs enfans, étaient passés maîtres en toute espèce de vices; ils savaient en inspirer le goût par leurs préceptes comme par leur exemple, et tournaient sans pitié en ridicule les nobles sentimens qui empêchent l'homme de s'abandonner à ses désirs désordonnés.

Les événemens de la vie du roi l'avaient aussi disposé à adopter cette doctrine épicurienne. Avec toute sorte de droits à la compassion et à l'assistance, il s'était vu accueillir avec froideur dans les cours où il s'était rendu, et avait été reçu plutôt en suppliant qu'on tolère qu'en monarque exilé. Il avait vu traiter avec dédain et indifférence ses droits et ses prétentions légitimes; et, dans la même proportion, il s'était habitué à la dureté de cœur, à l'égoïsme et à la dissipation, qui lui promettaient quelques plaisirs. S'il se les procurait aux dépens du bonheur des autres, devait-il être bien scrupuleux à cet égard, lui qui ne faisait que traiter les hommes comme le monde le traitait lui-même?

Mais, quoique le germe de ces fatales dispositions existât déjà, le prince était encore loin d'être aussi peu scrupuleux qu'il le parut quand une porte s'ouvrit inopinément pour sa restauration. Cette espèce de logique de la corruption trouvait encore quelques bons principes dans son cœur pour la réfuter; il réfléchit donc que ce qui passerait peut-être pour une peccadille en France ou dans les Pays-Bas, ce qui aurait été une anecdote divertissante pour les beaux esprits de sa cour errante, ou leur aurait fourni le sujet d'une pasquinade, serait sans doute regardé par la noblesse anglaise du second ordre comme un trait d'ingratitude horrible et de trahison infame, et porterait un coup terrible, peut-être mortel, à ses intérêts, en aliénant de lui le cœur de ses plus respectables partisans.

Il réfléchit aussi, car il ne perdait pas de vue le soin de sa personne même dans sa manière de considérer ce sujet, — qu'il était au pouvoir de sir Henry Lee et de son fils ; que tous deux avaient passé pour être pointilleux sur tout ce qui concernait l'honneur ; et que, s'ils venaient à lui soupçonner seulement le dessein de faire un affront à leur famille, il leur serait bien facile d'en tirer une vengeance signalée, soit par leurs propres mains, soit en le livrant à celles de la faction dominante.

— Le risque de faire rouvrir la fatale fenêtre de Whitehall, et de donner une seconde représentation de la tragédie de l'Homme Masqué (1), se dit-il à lui-même pour réflexion finale, serait une pénitence plus fâcheuse que celle du *fauteuil* (2) en Écosse ; et, quelque jolie que soit miss Alice Lee, ce serait trop hasarder pour une bonne fortune. Ainsi donc, adieu, charmante fille ! — à moins que, comme cela est arrivé quelquefois, tu n'aies la fantaisie de te jeter aux pieds de ton roi, auquel cas j'ai trop de magnanimité pour te refuser ma protection. Et cependant quand je me figure ce vieillard étendu devant moi, pâle, inanimé, comme il était hier soir ! —

(1) Charles Ier fut décapité par un homme masqué sur un échafaud dressé devant une fenêtre de son palais de Whitehall. Plusieurs gravures du temps ont représenté cette scène avec une cruelle exactitude — Éd.

(2) Cutty stool. Voyez *Waverley*, tom. 1er. — Éd.

Quand je me représente Albert Lee bouillant de fureur, la main sur la garde d'une épée que sa loyauté seule l'empêche de plonger dans le cœur de son souverain ! — Non ! ce tableau est trop horrible ! il faut que je change mon nom de Charles en celui de Joseph (1), quelques tentations que je puisse éprouver ; et puisse la fortune dans sa merci me les épargner !

Pour dire la vérité sur un prince malheureux dans le choix de ses premiers amis, et dont les fautes furent la suite de l'endurcissement que produisirent en lui les aventures de sa jeunesse et le dérèglement de sa vie plutôt que de ses dispositions naturelles, Charles arriva d'autant plus aisément à cette sage conclusion qu'il n'était nullement sujet à ces violens accès de passion qui absorbent toutes les facultés, et qu'on veut satisfaire, même au risque de perdre l'empire du monde. Ses amours, — et combien il y en eut de ce caractère dans le siècle où j'écris ! — ses amours étaient une affaire d'habitude et de mode plutôt que d'affection et de tendresse ; en se comparant à cet égard à son aïeul Henry IV, il ne rendait parfaite justice ni à ce monarque ni à lui-même. Charles, pour parodier les expressions d'un poète, agité lui-même seulement par les passions orageuses qu'un libertin intrigant ne fait souvent que feindre,

> N'était pas de ces gens aimant si tendrement,
> N'était pas de ces gens aimant aveuglément (2).

(1) Allusion profane à l'histoire de Joseph chez Putiphar. — Éd.

(2) *None of those who loved so kindly*
None of those who loved so blindly.

Ces vers sont calqués sur deux vers de Burns. — Éd.

L'amour n'était pour lui qu'une affaire d'amusement, une suite naturelle, à ce qu'il lui semblait, du cours ordinaire des choses dans la société. Il ne se donnait pas la peine de pratiquer l'art de la séduction, parce qu'il avait rarement eu occasion d'en faire usage, l'élévation de son rang et les mœurs relâchées de quelques-unes des femmes dont il faisait sa société le lui rendant inutile. Il faut encore ajouter à cela qu'il avait été rarement traversé dans ses intrigues par l'intervention des parens et même des amis, qui, en général, avaient paru disposés à laisser les choses suivre leur cours naturel.

Ainsi donc, quoiqu'il se fût fait un système de ne croire ni à la vertu des femmes ni à l'honneur des hommes en ce qui concernait la réputation de leurs parens ou de leurs épouses, Charles n'était pas homme à introduire, de propos délibéré, le déshonneur dans une famille où la conquête pourrait être vivement contestée, quand la victoire obtenue avec difficulté devait amener une catastrophe générale, et au risque d'armer toutes les passions contre l'auteur du scandale.

Mais le danger de la société du roi consistait principalement en ce qu'il ne croyait pas qu'il existât un cas où le remords pût remplir d'amertume la vie de la victime, et où le ressentiment des parens pût devenir dangereux. Il avait vu sur le continent traiter de pareilles affaires comme des choses de tous les jours, et qui, lorsqu'il s'agissait d'un homme de haute influence, pouvaient s'arranger facilement ; il avait contracté ainsi un véritable scepticisme sur la vertu dans les deux sexes, et il était porté à la regarder comme un voile que prenaient la prudence chez les femmes et l'hypocrisie chez les hommes pour vendre leur complaisance à plus haut prix.

Tandis que nous discutons le caractère de la galanterie du monarque fugitif, ce prince suivait au hasard les détours d'un sentier qui le conduisit enfin sous les croisées de l'appartement de Victor Lee, à l'une desquelles il aperçut Alice arrosant quelques pots de fleurs placés sur le balcon. Mais elle n'y était pas seule; son père se montra debout derrière elle, et il fit signe au page supposé de venir les joindre. La partie de famille semblait alors promettre plus d'agrément que tout à l'heure; Charles se sentit disposé à laisser aller les choses comme il plairait au hasard.

La fenêtre était facile à escalader en plein jour, quoiqu'il eût fait l'épreuve que cette entreprise n'était pas sans danger pendant la nuit. Il y monta légèrement, et reçut le meilleur accueil du vieux chevalier, qui faisait grand cas de l'activité. Alice elle-même était charmée de revoir un jeune homme dont la vivacité l'amusait, et le plaisir sans affectation qu'elle montra de ses saillies fut un stimulant qui l'excita à déployer l'esprit et la gaieté que personne ne possédait à un plus haut degré que lui.

Sa verve satirique enchanta le vieillard, qui rit aux larmes tandis que le prétendu page imitait successivement le ton dogmatique du ministre presbytérien écossais, l'accent de fierté du pauvre gentilhomme du Nord et le dialecte celtique du Chef montagnard, caractères que son séjour en Écosse lui avait rendus familiers. Alice, de son côté, ne rit guère moins, applaudit à ses efforts, et s'amusa d'autant plus qu'elle voyait son père s'amuser.

Toute la compagnie était donc en train de se divertir quand Albert Lee arriva. Il venait chercher Louis Kerneguy pour avoir un entretien secret avec le docteur Rochecliffe, que son zèle, son assiduité et la facilité merveilleuse avec laquelle il se procurait des renseignemens sûrs leur avaient fait choisir pour pilote dans une mer agitée.

Il est inutile de donner à nos lecteurs des détails circonstanciés sur cette conférence. Les renseignemens reçus par le docteur étaient favorables en ce qu'il paraissait que l'ennemi ne se doutait nullement de la direction que le roi avait prise vers le sud, et qu'on était toujours convaincu qu'il s'était embarqué à Bristol, comme le bruit en avait couru, et comme il en avait réellement eu le projet. Mais le capitaine du bâtiment qui devait recevoir le roi sur son bord avait pris l'alarme et avait levé l'ancre sans attendre le prince. Cependant son départ subit et le soupçon qu'on avait du motif de son arrivée sur les côtes servaient à confirmer le bruit du départ de Charles.

Mais, quelque encourageante que fût cette nouvelle, le docteur en avait reçu de la côte de moins agréables. On trouvait de grandes difficultés à s'assurer d'un navire auquel on pût confier un dépôt aussi précieux que la personne du roi, et l'on recommandait surtout à Sa Majesté de ne pas s'approcher du bord de la mer, pour quelque cause que ce pût être, avant qu'on l'eût avertie que rien ne manquait plus aux arrangemens à prendre pour son départ.

Personne ne pouvait indiquer une retraite plus sûre que celle que le roi occupait alors. On ne regardait certainement pas le colonel Everard comme ennemi personnel du roi, et Cromwell, comme on le supposait, accordait à Everard une confiance sans bornes. L'intérieur de la Loge présentait des cachettes et des issues secrètes qui n'étaient connues que de ceux qui l'habitaient depuis long-temps. Ces cachettes, ces issues étaient surtout familières à Rochecliffe; car, lorsqu'il était recteur de la ville de Woodstock, son goût, comme antiquaire, l'avait porté à faire des recherches multipliées dans toutes les parties ruinées de ce château, et l'on croyait même qu'il avait gardé le secret sur quelques-unes de ses découvertes.

D'un autre côté, les avantages qu'offrait la Loge n'étaient pas sans mélange d'inconvéniens. On savait que les commissaires du parlement en étaient encore à peu de distance, et l'on ne pouvait douter qu'ils ne fussent disposés à faire valoir leur autorité à la première occasion. Mais personne ne supposait qu'il fût probable que cette occasion se présentât, et comme l'influence de Cromwell et de l'armée croissait de jour en jour, chacun croyait que les commissaires, trompés dans leur espoir, n'oseraient rien entreprendre contre son bon plaisir, et attendraient avec patience une autre mission pour les indemniser de celle qui leur avait été enlevée. Le bruit courait même, d'après l'autorité de maître Joseph Tomkins, qu'ils avaient résolu de se retirer à Oxford, et qu'ils faisaient déjà leurs préparatifs de départ. Cette circonstance promettait d'ajouter encore à la sécurité qu'on espérait à Woodstock. Il fut donc décidé que le roi, sous le nom de Louis Kerneguy, continuerait à rester à la Loge jusqu'à ce qu'on pût s'assurer d'un navire à bord duquel il se rendrait dans le port qui serait jugé le plus sûr et le plus convenable.

CHAPITRE XXIV.

 « Les plus cruels serpens sont cachés sous les fleurs,
 » A l'émail des boutons ils mêlent leurs couleurs ;
 » Leurs yeux étincelans imitent sur les plantes
 » La céleste rosée et ses larmes brillantes,
 » Et la simple innocence, ignorant le péril,
 » Est atteinte en jouant par leur venin subtil. »

Ancienne comédie.

CHARLES, — car nous devons maintenant lui restituer son véritable nom, — prit aisément son parti sur les circonstances qui rendaient son séjour à Woodstock une affaire de prudence. Il aurait sans doute préféré se mettre en sûreté en fuyant sur-le-champ de l'Angleterre ; mais il avait déjà été condamné à se cacher dans des retraites si incommodes, à porter des déguisemens si désagréables, à faire des voyages si longs et si difficiles, pendant lesquels de sévères officiers de justice appartenant au parti dominant, et des troupes de soldats dont les chefs prenaient ordinairement sur eux d'agir de leur autorité privée, lui avaient fait courir plus d'une fois le risque d'être découvert, qu'il n'était pas fâché de jouir de quelques instants de repos et de sûreté, du moins par comparaison.

Il faut aussi faire attention que Charles goûtait davantage la société de Woodstock depuis qu'il la connaissait mieux. Il avait reconnu que, pour intéresser la belle Alice, et se procurer sa compagnie fréquente, il n'était besoin que de se soumettre aux fantaisies du vieux Cavalier, son père, et de cultiver son intimité. Quelques assauts au fleuret, dans lesquels Charles eut soin de ne déployer ni toute son adresse ni toute la vigueur et l'activité que lui donnait son âge ; — la complaisance d'écouter quelques scènes de Shakspeare que le vieux chevalier lisait avec plus d'enthousiasme que de goût ; — quelque talent en musique, science dans laquelle le vieillard se piquait d'être connaisseur ; — la déférence avec laquelle il écoutait d'antiques opinions dont il riait tout bas ; — tout cela réuni suffit pour gagner au prince déguisé la bienveillance de sir Henry Lee, et pour lui concilier au même degré celle de son aimable fille.

On peut dire que jamais il n'exista deux jeunes gens qui commencèrent un pareil genre d'intimité avec des avantages si inégaux. Charles était un libertin qui, s'il n'avait pas résolu de sang-froid d'amener sa passion pour Alice à une conclusion déshonorante, pouvait du moins à chaque instant céder à la tentation de mettre à l'épreuve la force d'une vertu à laquelle il ne croyait pas. Alice, de son côté, savait à peine ce que signifient les mots libertin et séducteur. Elle avait perdu sa mère au commencement de la guerre civile, et avait reçu toute son éducation avec son frère et son cousin : d'où il résulte qu'il y avait dans toute sa conduite une franchise qui ne connaissait ni la crainte ni le soupçon, et que Charles pouvait, et peut-être même voulait interpréter d'une manière favorable à ses vues. L'amour d'Alice pour son cousin, — ce premier sentiment qui éveille dans le cœur le plus naïf et le plus innocent un instinct de réserve et de contrainte à l'égard des hommes en général, n'avait pu faire naître en elle ce genre d'alarme. — Ils étaient proches parens ; Everard était son aîné de plusieurs années, et depuis son enfance il avait été pour elle un objet non-seulement d'affection, mais presque de respect. Lorsque cette amitié enfantine s'était fortifiée au point de devenir un amour mutuel, plusieurs nuances distinguaient leur tendresse de celle qui unit ordinairement ces amans étrangers l'un pour l'autre jusqu'au moment où les nœuds d'une affection réciproque les ont rapprochés, suivant la marche ordinaire des choses. Leur amour avait quelque chose de plus tendre, de plus familier, de plus confidentiel, de plus pur peut-être, et il était moins sujet à des accès de violence et de jalousie.

La possibilité que quelqu'un tentât de devenir le rival d'Everard dans son cœur était une circonstance qui ne s'était jamais présentée à l'idée d'Alice ; et jamais il n'était entré dans son imagination que ce jeune Écossais, avec lequel elle riait à cause de sa gaieté, et dont les singularités l'amusaient, pût devenir un être dangereux pour elle, ou contre lequel elle dût se tenir en garde. La sorte d'intimité à laquelle elle l'admettait était la même qu'elle aurait accordée à une compagne de son sexe, dont elle n'aurait pas toujours approuvé les manières, mais dont la société lui aurait plu.

Il était assez naturel que le roi galant prît la conduite franche et libre d'Alice, dont la source était une parfaite indifférence, pour une sorte d'encouragement, et la résolution qu'il avait formée de résister à toute tentation de violer l'hospitalité qu'il recevait à Woodstock commença à faiblir à mesure que les occasions se multiplièrent.

Ces occasions se présentèrent plus fréquemment après le départ d'Albert, qui quitta Woodstock le lendemain du jour où il y était arrivé. Il avait été convenu en plein conseil, entre Charles, Rochecliffe et lui, qu'il irait faire une visite à son oncle Everard dans le comté de Kent, afin d'écarter, en se montrant dans ce canton éloigné, tous les soupçons auxquels pourrait donner lieu son séjour à Woodstock, et pour ôter tout prétexte de troubler la tranquillité de la famille de son père, à ceux qui auraient pu trouver mauvais qu'un homme qui avait si récemment porté les armes contre la république y eût établi sa résidence. Il s'était aussi chargé, au risque de grands dangers, de visiter différens points des côtes, et de vérifier dans quel endroit le roi pourrait avec plus de sûreté s'embarquer pour quitter l'Angleterre.

Ce projet était donc également calculé pour assurer le salut du roi et faciliter son départ du royaume. Alice était privée par là de la présence d'un frère qui aurait été son gardien vigilant; mais Albert avait attribué les propos légers que le roi lui avait tenus dans la matinée à la gaieté de son caractère, et il aurait cru faire injure à son souverain s'il l'avait sérieusement soupçonné de méditer une violation des lois de l'hospitalité telle que celle qui ne se présentait que trop souvent à son esprit.

Il se trouvait pourtant dans la Loge de Woodstock deux individus qui ne paraissaient avoir ni une grande affection pour la personne de Louis Kerneguy, ni beaucoup de confiance en ses intentions. L'un était Bevis, qui, depuis leur première rencontre peu amicale, semblait avoir conservé contre le page une sorte de ressentiment que toutes les avances de celui-ci ne pouvaient vaincre. Si par hasard le jeune Écossais était seul avec sa maîtresse, Bevis trouvait toujours le moyen d'y être en tiers; il se plaçait contre la chaise d'Alice, et grondait sourdement quand le galant s'en approchait de trop près.

— C'est bien dommage, dit une fois le prince déguisé, que votre Bevis ne soit pas un bouledogue, nous pourrions le traiter de Tête-Ronde sans cérémonie; mais il est trop beau, trop noble, il a une tournure trop aristocratique pour nourrir des préjugés inhospitaliers contre un pauvre Cavalier resté sans asile; il faut qu'il y ait une transmigration en lui de l'ame de Pym ou de Hampden, et qu'elle continue à montrer sous sa nouvelle forme sa haine contre la royauté et tous ses adhérens.

Alice répondit que Bevis était un sujet loyal sous tous les rapports, mais qu'il partageait peut-être les préjugés de son père contre les Écossais, et qu'elle devait avouer qu'ils étaient assez forts.

— Il faut donc que je trouve quelque autre raison, dit Louis, car je ne puis croire que le mécontentement de sir Bevis n'ait d'autre fondement que la prévention nationale. Nous supposerons donc que quelque galant

Cavalier, qui est allé à la guerre pour n'en jamais revenir, a pris cette forme pour reparaître dans les lieux dont il ne s'est éloigné qu'à contre-cœur, et qu'il est jaloux de voir même le pauvre Louis Kerneguy s'approcher de la dame de ses pensées.

En parlant ainsi, il avançait sa chaise vers celle d'Alice, et Bevis se mit à gronder.

— En ce cas, dit Alice en riant, vous ferez bien de vous tenir à quelque distance; car la morsure d'un chien dans lequel se trouve l'ame d'un amant jaloux pourrait être dangereuse.

Le roi continua la conversation sur le même ton, et comme Alice ne voyait rien de sérieux à craindre dans les propos galans d'un jeune page éveillé, le prétendu Louis Kerneguy en fut porté à conclure qu'il avait fait une de ces conquêtes qui sont si souvent et si facilement le partage des rois. Malgré son esprit, il ne pouvait s'imaginer que le chemin qui conduit aux bonnes graces des dames n'est ouvert aux rois que lorsqu'ils voyagent en grand costume, mais que lorsqu'ils marchent incognito le sentier de la galanterie leur présente les mêmes obstacles et les mêmes difficultés qu'à un particulier.

Indépendamment de Bevis, il y avait à la Loge un autre individu qui avait sans cesse les yeux ouverts sur Louis Kerneguy, et ces yeux ne lui étaient pas favorables. C'était Phœbé, qui, quoique son expérience ne s'étendît pas au-delà de la sphère de son village, connaissait cependant le monde beaucoup mieux que sa maîtresse, et supportait d'ailleurs le poids de cinq années de plus. Étant plus soupçonneuse par plus d'expérience, elle trouva que ce jeune Écossais si singulier se permettait avec miss Lee plus de liberté que sa condition de page ne l'y autorisait, et même qu'Alice lui donnait un peu plus d'encouragement que Parthenia n'en aurait accordé à un tel fat en l'absence d'Argalus; car l'ouvrage traitant des amours de ces célèbres Arcadiens était alors la lecture favorite des bergers amoureux et des bergères fidèles dans toute l'Angleterre.

Livrée à de tels soupçons, Phœbé ne savait trop ce qu'elle devait faire en cette occasion, et cependant elle était bien déterminée à ne pas laisser à un tel étourneau la moindre chance de supplanter le colonel Everard sans essayer d'y mettre opposition. Markham était particulièrement dans ses bonnes graces, et d'ailleurs c'était, comme elle le disait, un jeune homme beau et bien fait autant que personne dans tout le comté d'Oxford, tandis que cet épouvantail d'Écossais ne pouvait lui être comparé. Cependant elle ne pouvait nier que maître Girnigy n'eût la langue bien pendue, et de tels galans n'étaient pas à mépriser. — Que pouvait-elle donc faire? Elle n'avait que des soupçons vagues, et elle ne pouvait les appuyer sur aucun fait. Elle n'osait même en parler à sa maîtresse, dont les bontés pour elle, quelque grandes qu'elles fussent, n'allaient pas jusqu'à la familiarité.

Elle sonda Jocelin; mais il prenait tant d'intérêt, elle ne concevait pas pourquoi, à ce malencontreux Écossais, et il semblait en faire un personnage si important, qu'elle ne put produire aucune impression sur lui. — En parler au vieux chevalier, c'eût été vouloir susciter une tempête. — Le digne chapelain, qui était à Woodstock l'arbitre de toutes les affaires contestées, aurait été la ressource naturelle de la suivante, car il était ami de la paix et des mœurs par profession, et politique par habitude. Mais il arriva qu'il avait offensé Phœbé sans le vouloir en la désignant par la périphrase classique de *rustica fidelis,* expressions qui la choquèrent d'autant plus qu'elle ne les comprenait pas, et, les regardant comme une insulte, elle déclara qu'elle n'aimait pas le *fiddle* (1) plus qu'une autre fille ; et depuis ce temps elle avait évité, autant qu'elle l'avait pu, toutes relations avec le docteur Rochecliffe.

Maître Tomkins allait et venait toujours dans la maison sous différens prétextes ; mais c'était une Tête-Ronde, et Phœbé était trop sincèrement dévouée au parti des Cavaliers pour faire connaître à un ennemi les craintes qu'elle avait que la paix intérieure ne fût troublée. — Restait le Cavalier Wildrake qu'elle aurait pu consulter ; mais Phœbé avait ses raisons particulières pour dire, — et elle le disait avec quelque emphase, — que le Cavalier Wildrake était un impudent débauché de Londres. Enfin elle résolut de faire part de ses soupçons à celui qui était le plus intéressé à s'assurer s'ils étaient fondés ou non.

— J'apprendrai à maître Markham Everard, se dit-elle, qu'il y a une guêpe qui bourdonne autour de sa ruche ; et de plus, que je sais que ce jeune maraudeur écossais a quitté des vêtemens de femme pour prendre des habits d'homme, chez la mère Green (2), à qui il a remis une pièce d'or pour n'en rien dire ; — aussi elle n'en a parlé qu'à moi. — Si elle lui a donné la monnaie

---

(1) *Fiddle*, un violon. Phœbé confond le mot latin *fidelis,* fidèle, avec le mot anglais *fiddle,* violon. — Éd.

(2) *Goody* Green : ce mot *goody* répond en anglais à celui de *luckie* en écossais, et doit être traduit par *la mère.* — Éd.

de sa pièce ou non, c'est à elle à le savoir; mais maître Louis est un fin matois; et il est assez probable qu'il n'aura pas manqué de la lui demander.

Trois ou quatre jours se passèrent sans aucun changement à la situation des choses. Le prince déguisé songeant de temps en temps à l'intrigue que la fortune semblait lui avoir ménagée pour son amusement, et saisissant toutes les occasions d'augmenter l'intimité de sa liaison avec Alice; mais fatiguant encore plus souvent le docteur Rochecliffe de questions sur la possibilité de quitter l'Angleterre; et le digne homme, se trouvant hors d'état de lui répondre pertinemment, prit ses mesures pour se dérober à ces importunités royales en passant la plupart du temps dans des cachettes ignorées qui n'étaient connues que de lui, et qu'il avait découvertes pendant les vingt années employées à composer ses *Merveilles de Woodstock*.

Il arriva le quatrième jour que quelque circonstance, inutile à rapporter, avait obligé le vieux chevalier à sortir, et il avait laissé le jeune Ecossais, qui était regardé alors comme faisant partie de la famille, seul avec Alice dans l'appartement de Victor Lee. Charles pensa que le moment était favorable pour commencer un cours de galanterie d'un genre qu'on pourrait nommer expérimental, et analogue à la conduite des Croates, qui dans une escarmouche courent bride en main et se tiennent prêts à attaquer l'ennemi ou à battre en retraite, suivant les circonstances. Après avoir débité, pendant quelques minutes, une sorte de jargon métaphysique qu'Alice aurait pu, au gré de son bon plaisir, regarder comme le langage de la simple galanterie, ou comme l'annonce de prétentions sérieuses, à l'instant où il la supposait occupée à chercher à s'expliquer ce qu'il voulait dire, Charles eut la mortification de reconnaître, par une question aussi simple que courte que lui fit Alice, qu'elle ne l'avait même pas écouté, et que, pendant qu'il lui adressait ses belles phrases, elle pensait à toute autre chose. Elle lui demanda en effet tout à coup quelle heure il était, et elle lui fit cette question d'un ton de curiosité si franc et si naïf qu'il était impossible d'y soupçonner la moindre nuance de coquetterie.

— Je vais aller consulter le cadran solaire, miss Alice, répondit Charles en rougissant, et piqué du mépris avec lequel il se croyait traité.

— Vous me ferez plaisir, maître Kerneguy, répondit Alice sans se douter le moins du monde de l'indignation qu'elle venait d'exciter.

Maître Kerneguy se leva et sortit sur-le-champ, non pour s'acquitter de sa commission, mais pour exhaler sa colère et dissiper sa mortification. Quoiqu'il fût d'un bon caractère, il était prince, peu habitué à la contradiction, encore moins au mépris; son amour-propre se sentit en ce moment blessé au vif, et il jura plus sérieusement qu'il n'avait osé le faire encore qu'Alice lui paierait son insolence. Il se dirigea vers la forêt à grands pas, ne songeant à sa sûreté qu'en choisissant les sentiers les plus sombres et les plus retirés, marchant avec l'activité qui lui était naturelle, et à laquelle il pouvait se livrer, maintenant que quelques jours de repos l'avaient complètement délassé de toutes ses fatigues, et nourrissant son courroux par des projets de vengeance contre la coquette de village qu'aucun égard pour les lois de l'hospitalité ne devait plus mettre à l'abri de ses entreprises.

Le monarque irrité passa

Près du cadran qu'avait verdi la mousse,

sans daigner lui adresser un regard, et s'il avait eu quelque curiosité, il n'aurait pu la satisfaire, car le soleil ne brillait pas en ce moment. Il continua à marcher à grands pas, le visage couvert en partie de son manteau, et la tête baissée, ce qui diminuait sa taille; et il se trouva bientôt dans les allées les plus obscures du bois, qu'il traversait à la hâte sans s'inquiéter de leur direction.

Tout à coup sa course fut interrompue par un cri : — Hola! hé! — Ensuite par un ordre de s'arrêter; enfin, ce qui lui parut encore plus extraordinaire, par le contact du bout d'une canne, appuyé sur son épaule d'une manière amicale et familière à la vérité, mais qui avait quelque chose d'impérieux.

Il y avait bien peu de personnes que Charles aurait reconnues avec plaisir en ce moment; mais l'individu qui arrêtait ainsi sa marche était, de tous ceux auxquels il aurait pu songer, l'homme dont la présence lui aurait été le moins agréable. Lorsqu'il se retourna, en recevant ce signal palpable, il vit près de lui un jeune homme de grande taille et bien fait; mais son costume grave, quoique propre et même élégant, son air de régularité, sa cravate bien blanche et bien empesée, et la propreté sans tache de ses souliers de cuir d'Espagne, annonçaient une recherche soigneuse, étrangère aux Cavaliers appauvris et vaincus, et qu'affectaient ceux du parti victorieux qui avaient le moyen de se procurer une mise décente; nous ne parlons ici que des classes les plus distinguées et les plus respectables, qui en effet se piquaient de montrer l'amour de l'ordre et du décorum dans leur extérieur comme dans leur conduite.

Il y avait encore un désavantage pour le prince, et l'inégalité qui se trouvait entre lui et l'étranger qu'il avait en face en devenait plus sensible. Celui qui l'avait ainsi forcé à un pourparler involontaire avait un air de vigueur, d'autorité et de détermination; il portait une longue rapière à son côté gauche, et sa ceinture soutenait un poignard et une paire de pistolets redoutables. — Louis Kerneguy n'avait d'autre arme que son épée, — ce qui n'aurait pas suffi quand même la force personnelle du roi aurait été égale à celle de l'étranger qui venait de l'arrêter si inopinément.

Regrettant amèrement l'accès inconsidéré de dépit qui l'avait mis dans une telle situation, et surtout l'oubli de ses pistolets, arme si propre à rétablir le niveau entre la force et la faiblesse, Charles montra pourtant le courage et la présence d'esprit qui avaient été depuis des siècles le partage de presque tous les princes de sa malheureuse famille. Il resta ferme et immobile, le bas du visage toujours couvert de son manteau, paraissant attendre une explication, dans le cas où l'étranger l'aurait pris pour quelque autre.

Ce sang-froid produisit son effet, car l'étranger s'écria d'abord avec un ton de surprise : — Quoi! ce n'est pas Jocelin! — Mais, si je ne reconnais pas Jocelin Joliffe, ajouta-t-il, je dois du moins reconnaître mon manteau.

— Je ne suis pas Jocelin Joliffe, comme vous pouvez le voir, monsieur, répondit Louis Kerneguy avec calme, en se redressant pour faire voir la différence de taille, et en écartant le manteau qui le couvrait.

— En ce cas, monsieur, dit l'inconnu, toujours d'un ton de surprise, j'ai à vous exprimer mon regret de m'être servi de ma canne pour vous avertir que je désirais vous parler. La vue de ce manteau, que je reconnais très-certainement pour m'appartenir, m'avait fait croire que vous étiez Jocelin, à la garde duquel je l'avais laissé à la Loge de Woodstock.

— Quand c'eût été Jocelin, monsieur, répondit le prétendu Louis Kerneguy avec beaucoup de sang-froid, vous auriez pu vous dispenser de frapper si fort (1).

L'étranger fut évidemment confus du calme que montrait celui à qui il s'adressait, et un sentiment de politesse fit qu'il renouvela ses excuses de la méprise qu'il avait commise en le prenant pour un autre. Maître Kerneguy n'était pas dans une situation à être pointilleux ; il salua gravement l'étranger, comme pour lui annoncer qu'il acceptait ses excuses ; et, se détournant, il reprit, à ce qu'il crut, le chemin de la Loge, quoique avec trop de promptitude pour être bien certain de la direction qu'il avait suivie dans le détour de la forêt.

Il fut fort embarrassé quand il s'aperçut que ce mouvement de retraite ne le débarrassait pas du compagnon qu'il venait d'acquérir à son grand regret. Marchait-il lentement ou à grands pas, l'étranger à costume puritain semblait déterminé à lui tenir compagnie ; et, sans chercher à le joindre ou à entrer en conversation avec

(1) Cette réponse rappelle celle du grand Turenne, lorsqu'un de ses valets le prit pour un camarade, et l'aborda avec une familiarité un peu brusque. Si le mot était plus important et moins naturel, on pourrait croire à un plagiat de la part de l'auteur.
Éd.

lui, il le suivait constamment, et ne lui laissait jamais qu'une avance de cinq ou six pas. Le roi hâta sa marche; mais, quoiqu'il fût alors, dans sa jeunesse, comme il continua à l'être dans son âge mûr, un des meilleurs piétons d'Angleterre, l'étranger, sans avoir besoin de courir, se maintenait toujours à la même distance avec une persévérance si infatigable, qu'elle blessa l'orgueil de Charles, et éveilla même ses craintes. Il commença donc à penser que, quelque danger qu'il pût courir dans un combat singulier avec cet étranger, il en aurait meilleur marché en vidant la querelle dans la forêt que dans le voisinage de quelque habitation, où un homme appartenant au parti dominant pourrait trouver des amis et de l'appui.

En proie à l'inquiétude, au dépit et à la colère, Charles se retourna tout à coup pour faire face à celui qui le suivait ainsi avec une sorte d'acharnement. Ils étaient alors dans une avenue étroite qui conduisait à la petite prairie sur laquelle dominait le chêne du roi, dont on apercevait, au bout de cette allée, le tronc gigantesque et les branches touffues, quoique en partie desséchées.

— Monsieur, dit-il à son persécuteur, vous vous êtes déjà rendu coupable envers moi d'une impertinence. Vous m'en avez fait des excuses; et, ne voyant aucune raison qui eût pu vous porter à me choisir pour l'objet d'une incivilité, je les ai acceptées sans difficulté. Reste-t-il quelque chose à régler entre nous, pour que vous me suiviez de cette manière? Si cela est, je serai charmé d'en connaître l'explication ou d'en avoir satisfaction. Je ne crois pas que vous puissiez avoir quelque ressentiment contre moi, car il me semble que je ne vous ai jamais vu avant ce moment. Si vous pouvez alléguer une bonne raison pour me demander satisfaction, je suis tout disposé à vous la rendre; mais si votre but n'est que de contenter une curiosité impertinente, je vous apprendrai que je ne puis souffrir que personne joue auprès de moi le rôle d'espion dans mes promenades.

— Quand je reconnais mon manteau sur les épaules d'un autre, répondit l'étranger d'un ton sec, il me semble que j'ai naturellement le droit de savoir ce qu'il deviendra; car je vous dirai, monsieur, que, quoique je me sois trompé quant à l'individu qui le porte, je me regarde comme autorisé à appuyer ma canne sur le manteau qui vous couvre, si vous accordez à un homme le droit de secouer la poussière de ses vêtemens. Si donc nous devons être amis, je vous demanderai par exemple comment il se fait que vous portiez mes habits, et où vous allez ainsi vêtu. Si vous refusez de me satisfaire, je me permettrai de vous arrêter, et je suis autorisé à le faire.

— Oh! le malheureux manteau! pensa le prince fugitif; et trois fois plus malheureux le sot mouvement de dépit qui m'a fait venir ici ainsi affublé pour me faire une querelle et attirer les regards sur moi dans un moment où la paix et l'incognito sont si nécessaires à ma sûreté.

— Si vous me permettez les conjectures, monsieur, continua l'étranger, qui n'était autre que Markham Everard, je vous prouverai que vous êtes mieux connu que vous ne le pensez.

— A Dieu ne plaise! pensa le roi, et ce peu de mots étaient une prière silencieuse qu'il fit avec autant de dévotion qu'il en avait jamais montré dans toute sa vie. Cependant, même en ce moment d'extrême danger, son courage et son sang-froid ne l'abandonnèrent pas, et il songea qu'il était de la plus haute importance de ne pas avoir l'air effrayé et de répondre de manière à amener une explication, quelque dangereuse qu'elle pût être.

— Si vous me connaissez, monsieur, lui répondit-il, et que vous soyez un homme bien né, comme votre extérieur l'annonce, il vous est facile de deviner quel accident m'a forcé à porter ces habits que vous dites vous appartenir.

— Oh! monsieur, répliqua le colonel Everard, dont la colère n'était nullement calmée par la douceur avec laquelle l'étranger lui répondait, nous avons appris par cœur nos Métamorphoses d'Ovide, et nous savons dans quel dessein les jeunes gens de qualité voyagent déguisés. — Nous savons qu'on a même recours aux habits de femme en certaines occasions; — nous connaissons l'histoire de Vertumne et Pomone.

Le pauvre monarque, en pesant ces paroles, fit une nouvelle prière bien fervente pour que cette affaire malencontreuse n'eût pas une cause plus sérieuse que la jalousie de quelque admirateur d'Alice Lee; se promettant bien que, tout dévoué qu'il était au beau sexe, il ne se ferait aucun scrupule de renoncer à la plus belle de toutes les filles d'Ève pour sortir d'embarras.

— Vous paraissez être un gentilhomme, monsieur, dit-il, et en ce cas je n'ai aucune raison pour vous cacher que j'appartiens à la même classe.

— Ou peut-être à une classe un peu plus élevée?

— Le mot gentilhomme est un terme qui s'applique

à quiconque a le droit de porter des armoiries. — Un lord, un duc, un prince, n'est rien de plus qu'un gentilhomme ; et, s'il est dans l'infortune comme moi, il peut se contenter de ce titre de courtoisie.

— Je n'ai nullement dessein, monsieur, de tirer de vous quelque aveu qui puisse nuire à votre sûreté ; je ne me regarde pas comme chargé d'arrêter des individus qui se sont laissé égarer par un sentiment de devoir mal entendu, et que les gens de bonne foi doivent plaindre plutôt que de chercher à les punir. — Mais, si ceux qui ont excité dans leur patrie des troubles et une guerre civile veulent aussi porter la honte et le déshonneur dans le sein des familles ; — s'ils osent essayer de placer la scène de leurs désordres sous les toits hospitaliers qui leur accordent un abri contre la vindicte publique, croyez-vous, milord, que nous devions le souffrir patiemment ?

— Si vous avez le dessein bien formé de me susciter une querelle, expliquez-vous clairement et en homme d'honneur. Vous avez sans doute l'avantage des armes ; mais ce ne sera pas cette raison qui me fera reculer devant un seul antagoniste. — Si au contraire vous êtes disposé à entendre la raison, je vous dirai tranquillement que je ne me doute pas de ce dont vous pouvez m'accuser, et que je ne conçois pas pourquoi vous me donnez le titre de lord.

— Vous niez donc que vous soyez lord Wilmot ?

— Je puis le nier en toute sûreté de conscience.

— Peut-être préférez-vous vous nommer comte de Rochester ? — Nous avons entendu dire que le but auquel aspirait votre ambition était d'obtenir ce titre du roi d'Écosse.

— Je ne suis ni lord ni comte, aussi vrai que j'ai une ame à sauver. Mon nom est.....

— Ne vous dégradez point par un mensonge inutile, milord; et surtout en présence d'un homme qui, je vous le promets, n'appellera pas la justice publique au secours de son épée, s'il croit devoir s'en servir. — Pouvez-vous regarder cette bague, et nier que vous soyez lord Wilmot?

Il présenta au roi déguisé une bague qu'il prit dans sa bourse, et que Charles reconnut sur-le-champ pour celle qu'il avait laissée tomber dans la cruche d'Alice près de la fontaine de Rosemonde, sans autre intention que de céder à un mouvement de galanterie qui le portait à donner une bague à une jolie fille qu'il avait effrayée sans le vouloir.

— Je connais cette bague, dit-il, et je conviens qu'elle a été en ma possession; mais comment elle prouve que je sois lord Wilmot, c'est ce que je ne puis concevoir; et, dans tous les cas, elle rend un faux témoignage contre moi.

— Vous allez en avoir la preuve, dit Everard; et, reprenant la bague, il pressa un petit ressort caché dans le chaton, et la pierre, se levant, laissa voir le chiffre de lord Wilmot parfaitement gravé en miniature et surmonté d'une couronne de comte. — Que dites-vous maintenant, monsieur? demanda-t-il.

— Que des présomptions ne sont pas des preuves, et que tout ceci peut s'expliquer très-facilement. Je suis fils d'un noble écossais qui fut blessé mortellement et fait prisonnier à la bataille de Worcester. En m'ordonnant de me mettre en sûreté par la fuite, il me remit le peu de bijoux qu'il avait sur lui, et celui-ci en faisait partie. Je lui avais entendu dire qu'il avait changé de bague avec lord Wilmot en Écosse, je ne sais en quelle occasion; mais je ne connais pas le ressort que vous venez de faire jouer.

Il peut être à propos de dire ici qu'à ce dernier égard Charles disait la vérité. Il se serait bien gardé de se défaire de cette bague s'il avait pu croire qu'elle fût si facilement reconnue.

— Encore une fois, dit-il après un moment de silence, — car je vous ai fait des aveux très-importans à ma sûreté, — si vous êtes généreux, ne vous obstinez pas à me suivre plus long-temps, et il peut se présenter un moment où je vous serai utile à mon tour. — Si votre intention est de m'arrêter, il faut que ce soit ici, car je ne vous suivrai pas, et je ne souffrirai pas que vous me suiviez. — Si vous me laissez passer, je vous en remercierai; sinon, tirez votre épée.

— Jeune homme, dit le colonel Everard, vous m'avez porté à douter si vous êtes le jeune et noble libertin pour lequel je vous ai pris; mais les liaisons intimes que vous avouez que votre famille a eues avec lui sont pour moi une forte présomption que vous êtes un adepte dans l'école de débauche dont Wilmot et Villiers sont professeurs, et dans laquelle leur digne maître a pris ses degrés. Votre conduite à Woodstock, où vous avez payé une hospitalité généreuse en conspirant contre l'honneur de vos hôtes, prouve que vous avez bien profité des leçons que vous avez reçues dans une telle académie. Je n'avais dessein que de vous donner un avis à ce sujet; — ce sera votre faute si j'ajoute le châtiment à l'avis.

— Avis! — châtiment! s'écria Charles avec indignation en portant le main sur sa rapière ; — et c'est à moi que s'adresse ce langage ! — monsieur, vous avez compté sur ma patience plus que ne vous le permettait le soin de votre sûreté ! — L'épée à la main, monsieur !

— Ma religion, répondit Everard, me défend l'effusion du sang sans nécessité. — Retournez chez vous, monsieur ; — soyez sage, — écoutez les conseils de l'honneur et de la prudence. — Respectez la famille Lee, et sachez qu'il existe un homme qui y tient de très-près par les liens du sang, et qui vous demandera un compte sévère de toutes vos actions à cet égard.

— Ah, ah ! s'écria le prince avec un sourire amer ; tout est expliqué maintenant. — Nous avons sous les yeux notre colonel Tête-Ronde, — notre cousin puritain, — l'homme aux citations évangéliques, — le saint dont Alice Lee rit de si bon cœur. — Si votre religion vous défend de donner satisfaction à un homme d'honneur, monsieur, elle devrait aussi vous défendre de l'insulter.

La colère des deux champions ne connut plus de bornes. — Ils tirèrent l'épée, et le combat commença, le colonel ne voulant pas profiter de l'avantage qu'auraient pu lui donner ses armes à feu. Un coup mal paré, un pied qui aurait glissé, auraient pu en ce moment changer les destinées de la Grande-Bretagne ; mais l'arrivée d'un tiers sépara les combattans.

FIN DU TOME SECOND.

ŒUVRES COMPLÈTES
DE
SIR WALTER SCOTT.

Cette édition sera précédée d'une notice historique et littéraire sur l'auteur et ses écrits. Elle formera soixante-douze volumes in-dix-huit, imprimés en caractères neufs de la fonderie de Firmin Didot, sur papier jésus vélin superfin satiné; ornés de 72 *gravures en taille-douce* d'après les dessins d'Alex. Desenne; de 72 *vues* ou *vignettes* d'après les dessins de Finden, Heath, Westall, Alfred et Tony Johannot, etc., exécutées par les meilleurs artistes français et anglais; de 30 *cartes géographiques* destinées spécialement à chaque ouvrage; d'une *carte générale de l'Écosse*, et d'un *fac-simile* d'une lettre de Sir Walter Scott, adressée à M. Defauconpret, traducteur de ses œuvres.

CONDITIONS DE LA SOUSCRIPTION.

Les 72 volumes in-18 paraîtront par livraisons de 3 volumes de mois en mois; chaque volume sera orné d'une *gravure en taille-douce* et d'un titre gravé, avec une *vue* ou *vignette*, et chaque livraison sera accompagnée d'une ou deux *cartes géographiques*.

Les *planches* seront réunies en un cahier séparé formant *atlas*.

Le prix de la livraison, pour les souscripteurs, est de 12 fr. et de 25 fr. avec les gravures avant la lettre.

Depuis la publication de la 3e livraison, les prix sont portés à 15 fr. et à 30 fr.

ON NE PAIE RIEN D'AVANCE.

Pour être souscripteur il suffit de se faire inscrire à Paris

Chez les Éditeurs :

A. SAUTELET ET Cº,	CHARLES GOSSELIN, LIBRAIRE
LIBRAIRES,	DE S. A. R. M. LE D'C DE BORDEAUX,
Place de la Bourse.	Rue St.-Germain-des-Prés, n. 9.

www.ingramcontent.com/pod-product-compliance
Lightning Source LLC
Chambersburg PA
CBHW050334170426
43200CB00009BA/1588